el país de
pinocho

el país de
pinocho

cómo decir la verdad en medio de
una cultura de mentira

Por Devlin Donaldson
y Steve Wamberg

Traducido por Luis Magín Álvarez

EDITORIAL MUNDO HISPANO

EDITORIAL MUNDO HISPANO

Apartado 4256, El Paso, Texas 79914, EE. UU. de A.

www.editorialmh.org

Publicado originalmente en inglés por Piñon Press, Colorado Springs, Colorado, bajo el título *Pinocchio nation*, © copyright 2001, por Devlin Donaldson y Steve Wamberg.

Las citas bíblicas han sido tomadas de la Santa Biblia: Versión Reina-Valera Actualizada. © Copyright 1999, Editorial Mundo Hispano. Usada con permiso.

Editores: Juan Carlos Cevallos
Hermes Soto
Diseño de la portada: Carlos Santiesteban

Primera edición: 2003
Clasificación Decimal Dewey: 241.67
Tema: Ética
ISBN: 0-311-46148-4
EMH Núm. 46148

10 M 6 03

Impreso en Bielorrusia
Printed in Belarus

«Printcorp». LP # 347 of 11.05.99. Or. 03092. Qty 10 000 cps.

Dedicado a nuestros padres,
Bob Donaldson y Don Wamberg,
hombres íntegros y virtuosos,
para quienes decir la verdad
fue siempre una costumbre rutinaria.
Al margen de las consecuencias potenciales,
ellos siempre fueron sinceros con todos,
y especialmente con sus hijos.
La verdad tiene gran importancia
para nosotros porque, sin duda alguna,
también la tuvo para ellos.

"En lo más profundo de nuestro corazón,
sabemos que somos unos afortunados...".

► Contenido

► Reconocimientos

Aunque escribir un libro sea cosa de sólo algunas semanas o meses, la verdad es que, para hacerlo, uno tiene que estar preparándose durante toda la vida. Resulta imposible expresar nuestra gratitud a todos los que han influenciado nuestra vida. Pero todo autor tiene que procurarlo. Por consiguiente, he aquí nuestra lista de esas personas que nos ayudaron a prepararnos.

Devlin:

Quiero dar gracias a mi familia, en primer lugar a mi esposa Carol, y luego a mi hija María, por su amor, alegría, paciencia y tantas otras cosas más. Ustedes han hecho muchos sacrificios por mí, y eso debo reconocerlo. Gracias también a mi madre por la crianza que me dio, y a mi hermana, quien me ayudó a madurar.

Gracias también a Steve Wamberg: desde hace veinticinco años nos unimos en este viaje ¡y qué viaje! Es mucho el camino que nos espera juntos, ¡y deseo continuar!

También quiero expresar mi gratitud a los que han ayudado a prepararme, a quienes tanto debo. Gracias al doctor Gary Collins por haber creído en mí y por haberme animado a escribir. No creo que pudiéramos haber imaginado veinte años atrás que seguiríamos estando juntos hasta hoy. Gracias también a Stuart Ryder, quien me ayudó a aprender a cómo pensar (¡qué gran regalo!). A Press Webster, quien ya no está con nosotros, pero a quien tengo presente en mi recuerdo. A M. L. Hillard, uno de los mejores profesores que jamás he conocido. Gracias a los doctores Robert Erickson y Richard Bescanson por haber ayudado a organizar la mente indisciplinada de un joven estudiante desordenado.

Están también los que conversaron conmigo en cuanto al material de este libro, y otros que leyeron las primeras versiones de los capítulos y que me hicieron valiosas observaciones. Gracias a Molly Davis Scott por su estímulo y apoyo. También al pastor Jimmy Sites, quien ha sido para mí una inspiración y un apoyo más allá de lo que él podría pensar. A George Barna, gracias por su amistad y por haber puesto a nuestra disposición sus valiosas investigaciones cuando trabajábamos en la preparación de este libro.

Gracias a Barry Strickland por el papel que tuvo en ayudarme a enfrentar la verdad en cuanto a mí mismo, una experiencia que cambió mi vida. Gracias a Larry por todo, y a Tony, para quien las palabras no son suficientes. Ustedes son los dos hermanos que nunca tuve. Gracias también a

Joey y Mark Hanlon, a Sam y T-Bone Burnett y a Bill y Nancy Tibert por su verdadera amistad.

Al hombre que me ha representado: Robert Wolgemuth. Gracias por los años de trabajo juntos, que han sido algo maravilloso. Gracias a Piñon Press, por haber visto la necesidad de un libro como éste, y por cooperar con nosotros.

Steve:

No hay manera de ser un escritor feliz si no se tiene una familia excepcional, y le doy gracias a Dios por la mía. Annie: tu paciencia y tu amor me mantienen en mis cabales, cuando no merezco estarlo. Ben y Maggie: ambos me demuestran una comprensión más allá de la edad que tienen. Los amo a todos, y me siento orgulloso de que aprecien el decir y el escuchar la verdad.

Mamá: el verte escribir tus columnas me permitió saber que ese modo de vida no era el más fácil, pero el poner el dedo en la llaga bien vale la pena. Gracias por todo tu amor y por tus consejos. Les prestaba atención, aunque no los siguiera al pie de la letra.

Pete y Susie, Jim y Kathy, Don y Pam, Marty y Hank: la permanente disposición de ustedes de tener el café caliente y abiertas las puertas de sus casas a través de los años nos ha convertido en amigos y también en hermanos. Lo que les debo es más de lo que ustedes jamás podrán llegar a saber.

Devlin: hemos descubierto que era cierto lo que nuestros padres nos decían. Ya era tiempo de que le sacáramos provecho, ¿no es lo que decías? Gracias por el libro cuya coautoría me ha resultado tan fácil.

Hay consejeros que han cambiado mi vida. Steve Swanson me hizo creer que yo tenía algo que valía la pena decir, y me enseñó cómo hacerlo desde que yo era un estudiante de secundaria. Maro Craig, mi abuelo Roy Knopp y mi padre me demostraron lo mucho que se puede aprender de una historia bien contada. Clyde y Betty Harmon siempre han estado dispuestos a ayudarme a meditar una y otra vez en la verdad, en el evangelio y en la cultura. Reidar Bjornard, Tom Finger y Ray Bakke me desafiaron a utilizar mi cerebro y a escribir cosas que valen la pena. Espero que este libro dé validez a lo que digo.

Doug Loomer, Steve Shafer, Jerald January y Jared McCarthy: todos ustedes tenían razón en lo que me decían, y me conocían mejor que yo mismo. Dana y Pam, Kirk y Deb, Al y Marilyn, Michael Jones, Jim y Era, Barb y Woody, James Skeet, Dan y Dina, John Conaway, Sue y Gary, Tommy Moore, Jim y Jean, Dave y Maryellen, Thelma, Steve y Amanda: gracias por ponerme contra la pared una y otra vez con problemas y con la realidad, y por demostrarme su amor al hacerlo.

Tony y D'Reen, y nuestra familia de la iglesia Highland Park: gracias por adoptarnos.

Gracias muy especiales a Lee y Maureen Geary, de *Pike's Perk* ("Café con excelencia"); a Garland y Bridget Johnson y a toda la familia de UKKSA; a George Barna, Robert Wolgemuth y Jennifer Cortez. Y también a Brad Lewis y al personal de Piñon Press por su gran paciencia y estímulo en muchos aspectos.

► Introducción

¡Qué insinceros son los hombres! Todos son unos mentirosos o unos tendenciosos de los hechos; son unos veraces a medias, unos escurridizos y unos solapados morales. Cuando aparece un hombre simplemente honesto, se trata de un cometa que se vuelve famoso por toda la eternidad. No se necesita genio ni talento, sino simple honestidad; este fue el caso de Lutero, de Cristo, etc.

—Mark Twain

L os sábados, cuando podemos hacerlo, pasamos una hora o dos conversando y tomando café. Cubrimos una gran variedad de temas y hablamos con franqueza acerca de nuestro trabajo, de nuestra familia, de teología, de política, de temas complejos, de las artes, de fútbol y del estado de la cultura en general. Pedimos entonces una segunda taza de café y comenzamos de nuevo.

Hace no mucho tiempo, mientras tomábamos un café con galletas, Steve se puso a hablar de algo y comenzó diciendo: "Bueno, para decirte la verdad...".

En ese momento, por alguna razón, la frase paró en seco a Devlin. Ya él había oído antes esas palabras. En realidad, se habían convertido en algo estereotipado de nuestras conversaciones diarias. Pero en ese momento, el "para decirte la verdad" hizo que Devlin abordara otro tema diferente al que estábamos discutiendo. ¿Qué es lo que Wamberg está diciendo ahora? ¿Por qué tiene que asegurarme que me está diciendo la verdad? ¿No es la verdad la base de nuestra relación? ¿Es acaso lo que va a decirme tan increíble que tiene que hacerme saber que está consciente de los inefables elementos de su afirmación?

Mientras tanto, Steve divagaba sobre la validez de una jugada en el último partido de fútbol.

El chorro de interrogantes continuó en la mente de Devlin, revelando pensamientos más sombríos: ¿Me ha dicho él en el pasado la verdad acerca de otras cosas que no particularizó? ¿O lo que me ha dicho no ha tenido el mismo grado de veracidad? ¿O lo que me ha dicho ahora no es cierto y me está preparando para asegurarme su veracidad? ¿Puedo yo realmente confiar en lo que mi amigo me dice?

A estas alturas era evidente que Devlin ya no estaba involucrado activamente en el asunto del que hablaban. Steve se detuvo, se inclinó sobre la mesa, y mirando fijamente a Devlin le dijo:

—Oye, ¿en qué estás pensando?

—Oh, lo siento. Bueno... en eso que dijiste de "para decirte la verdad".

—¿Dije eso? Bueno, ¿y qué? Eso es algo que digo con frecuencia, no sé por qué.

—¿Es una frase que te permite organizar tus pensamientos para decir la siguiente oración?

—A veces sí. Pero, ¿de dónde proviene? ¿Por qué tiene alguien que sentir la necesidad de recordarle —no, más bien advertirle— a alguien que le está diciendo la verdad?

Eso hizo que la conversación se desviara al tema de la verdad.

Nos pusimos a hablar de nuestros padres y de cómo el decir la verdad —y nada más que la verdad— era lo esperaban de nosotros cuando éramos pequeños. Hablamos de Harry Truman, de Mark Twain y de lo estimulantes que eran por su franqueza. Nos contamos ejemplos de personas que habían sido veraces en su trabajo y en su vida personal, y el beneficio que esto les produjo, y también hablamos de casos cuando no se tuvo en cuenta la verdad, o aun fueron castigados por decirla.

Hablamos de cómo estábamos criando a nuestros hijos, de manera que apreciaran la verdad. Como graduados de dos excelentes seminarios, hablamos acerca de la ética cristiana. Como consultores que somos, hablamos también de los medios de comunicación y de las "historias" de la prensa, y también de dónde se podía trazar una línea entre la realidad y la fantasía en el mundo empresarial y en las organizaciones. También hablamos de la necesidad de decir a nuestras esposas la verdad cuando no siempre fuera agradable, y nos dijimos historias respecto a cuando no habíamos dicho la verdad, y cuando el haberla dicho nos había resultado beneficioso.

En el curso de la conversación nos dimos cuenta de que el decir la verdad y escuchar la verdad ya no era un "hecho", un asunto seguro e indiscutible en nuestra cultura. Nos preguntamos cómo nos veríamos si fuéramos un "país de Pinochos". ¿Qué tan larga sería nuestra nariz si aumentara de tamaño cada vez que no dijéramos la verdad? Por lo menos, la gente no voltearía la cabeza con mucha rapidez en un autobús repleto de gente.

Pero, ¿por qué nos ha ocurrido esto como sociedad? ¿Qué es tan difícil en cuanto a la verdad para que colectivamente la evitemos en vez de aceptarla? En una época de "solapados morales", nos preguntamos como Mark Twain: "¿Dónde están las personas 'simplemente honestas'?". Y también: "¿Cómo puedo ser una de ellas?".

Estas preguntas pusieron de manifiesto un gran número de cuestiones en cuanto a la verdad y a su práctica que sentimos que debíamos investigar. Este libro es el producto de esa investigación. En la primera parte discutimos el papel y el efecto de la verdad en la vida diaria, y también un concepto que hemos llamado "el imperio de la verdad", que requiere que cada uno de nosotros le permita a la verdad juzgarnos a nosotros mismos y también a quienes están a nuestro alrededor. En la segunda parte, damos una mirada a la verdad en el ámbito de la espiritualidad, de la familia, del trabajo y de la sociedad en general. Y en la última parte, examinamos lo que estamos transmitiendo a la siguiente generación en cuanto a la verdad, y lo que podemos hacer para realzar de manera práctica el lugar de la verdad en la vida diaria mediante "Catorce métodos para decir la verdad". (Son ejercicios que verdaderamente le serán de ayuda para poner en práctica la verdad). La verdad es un ideal, pero es un ideal que exige aplicación práctica.

Es por esto que hemos combinado ex profeso lo filosófico y lo práctico en las páginas que siguen a continuación. Y por más extraño que parezca, lo que viene no se diferencia mucho de nuestras discusiones de los sábados por la tarde mientras nos tomábamos un café: eclécticas, apasionadas, y a veces un poco disparatadas. Esperamos que este libro le dé a usted algunas ideas nuevas en cuanto al lugar de la verdad en su propia vida, como lo hizo con nosotros.

Devlin Donaldson y Steve Wamberg
Colorado Springs, Colorado

primera
parte

cómo decir la verdad en medio de una cultura de mentira

el papel de la verdad el papel de la
verdad el papel de la verdad el
papel de la verdad el papel de la
verdad el papel de la verdad el
papel de la verdad
verdad el papel de la verdad el pa

1 ▶ el papel de la verdad

> La veracidad es una condición indispensable de
> cualquier empresa colectiva.
> —Ralph B. Perry

Existe un cuento acerca de un granjero y un panadero que tenían un acuerdo de trueque. Todos los días Ramón, el granjero, cambiaba con Luis, el panadero, un kilogramo de mantequilla por un kilogramo de pan. Pero no pasó mucho tiempo sin que Luis sintiera que estaba siendo engañado. En realidad, cuando este comprobó cuidadosamente el peso de la mantequilla, descubrió que estaba siendo estafado.

Luis demandó de inmediato a Ramón (este cuento proviene obviamente de una cultura casi tan litigante como la nuestra). Luis estaba furioso mientras exponía sus argumentos ante el juez de la sala de justicia.

—Sé que no estoy recibiendo un kilogramo de mantequilla por el pan que le doy a Ramón —dijo con indignación.

El juez, con la intención de que las partes llegaran a un arreglo, le dijo a Ramón:

—Señor, comencemos examinando la pesa que usted utiliza en la balanza para medir la cantidad de mantequilla que le da a su amigo el panadero.

Ramón respondió:

—Yo no tengo ninguna pesa, su señoría.

Luis sonrió para sí. Este caso iba a decidirse a su favor. ¿En qué pensaba, a todo esto, ese campesino, tratando de hacer negocios sin una pesa?

El juez continuó diciendo:

—Entonces, ¿cómo calcula usted la mantequilla?

Ramón se encogió de hombros y respondió:

—Bueno, señoría, para medir el peso de la mantequilla, yo simplemente utilizo en la balanza el kilogramo de pan que él me da. De modo que a mí me parece que si a él le falta mantequilla, a mí me falta pan.

Caso cerrado.

Las discusiones en cuanto a la verdad son largas y complicadas. Pero ésta no lo es. No podemos enfrascarnos en discusiones porque nosotros tenemos un propósito más práctico con este libro. Lo que nos proponemos es recordarnos a nosotros mismos que la verdad —real y cotidiana— es algo presente cada día y en cada relación. El menoscabar la verdad es un asunto serio, y podemos hacerlo en cualquier momento. ¿Pero a qué costo? Esta es una pregunta crucial si usted cree, al igual que nosotros, que "la veracidad es una condición indispensable de cualquier empresa colectiva".

Si la verdad no tiene ese papel, todos corremos un riesgo. ¿Quiénes resultan engañados cuando no se le da a la verdad el papel que le corresponde en nuestro contacto social diario? ¿Quiénes pierden cuando la verdad no es valorada, y mucho menos puesta en práctica? La respuesta final es: Todos. Cuando a una de las partes "le falta mantequilla", a la otra "le falta pan". Eso significa que la confianza es violada, y eso hace nulo el papel que tiene la verdad en nuestra empresa colectiva: el de crear confianza.

La pregunta del juez: ¿Qué pesa usa usted?

Volvamos a la pregunta del juez. Necesitamos examinar nuestras normas. Necesitamos saber qué es lo que estamos utilizando como pesa.

¿Cuál es su definición normativa de la verdad? Para comenzar, podemos simplemente ver lo que dice el diccionario. El Diccionario de la Real Academia Española *(Vigésima segunda edición 2001),* al definir la verdad, dice lo siguiente: "Conformidad de las cosas con el concepto que de ellas forma la mente. Conformidad de lo que se dice con lo que se siente o se piensa".

Hay una excelente palabra griega, *aletheia* , que significa "verdad". Un día, en una clase de griego (hace muchos años), nos aventuramos a preguntar:

—¿Cómo habrían definido los griegos la "verdad"?

El sabio profesor respondió:

—Habrían sido un poco más viscerales que el Diccionario de la Real Academia Española. Habrían dicho algo así como "el ingrediente con el cual está hecha la realidad".

— ¿Eh? "El ingrediente... con el cual está hecha... la realidad". De acuerdo.

Estas definiciones, por supuesto, suponen que somos capaces de considerar nuestros hechos y de explicarlos verazmente.

Si la verdad es el material con el que está hecha la realidad, eso quiere decir que la verdad tiene poco que ver con las largas discusiones filosóficas. En vez de ello, la verdad es cómo respondemos a las preguntas que nos hacen nuestros hijos. Es de qué manera ponemos atención a las preocupaciones de nuestro jefe en el trabajo. Es cómo expresamos nuestra responsabilidad a la comunidad.

Quién tiene la verdad: el peligro de la verdad en el posmodernismo

El poeta lírico Tim Rice entendió la conciencia de una generación en la ópera rock *Jesus Christ Superstar* (Jesucristo Superestrella) cuando cuenta (y amplía) la conversación entre Jesús y Poncio Pilato, tal como aparece en el Evangelio de Juan en la Biblia. La discusión se centró en la pregunta: "¿Qué es la verdad?".

Pilato hace lo más que puede en el diálogo para dar a entender que *su* norma en cuanto a la verdad era diferente a la de Jesús. Por consiguiente, tal y como él lo ve, Pilato no tiene que considerar las posibilidades sobre la verdad que Jesús le presenta. Pilato podía, sinceramente, ignorar la posibilidad de que la comprensión en cuanto a la verdad que tenía Jesús fuera relevante a su punto de vista como romano.

La versión de Rice es un ejemplo de la actual ambivalencia sobre la verdad que caracteriza a la sociedad posmoderna en la cual nos encontramos. Aunque no hay un solo criterio para definir al posmodernismo, el enfoque posmoderno comúnmente aceptado para aplicar la verdad en la vida diaria surge de esta premisa: que cada quien tiene su propia experiencia y su propia verdad. Pero esta premisa produce los siguientes resultados:

➤ Todo lo que sea cierto para usted, lo será para usted, y eso es más importante que lo que puedan pensar los demás.

➤ Yo puedo creer lo que quiera, no importa lo contradictoria, ilógica o falsa que pueda ser mi creencia.

➤ Usted tiene el derecho de definir la verdad de la mejor manera que sienta como apropiada, siempre y cuando no imponga a los demás su punto de vista.

En lo que el pensamiento posmoderno viene a parar es en el *relativismo*. Pero, ¿qué problema hay con el relativismo? Paul Copan trata directamente este asunto en su libro *True For You, Not for Me* (Verdad para ti, pero no para mí).

Las aseveraciones de los relativistas son como decir: "No sé decir ni una sola palabra en español" o "todas las generalizaciones son falsas". Nuestra respuesta más fundamental al relativista es que sus afirmaciones son contradictorias. Son autodestructivas. Son autosocavantes. El relativista falsea realmente su propio sistema por sus afirmaciones autorreferenciales de que las creencias de alguien son verdaderas o falsas, y relativas a la persona misma. Si las aseveraciones son ciertas sólo para la persona que las dice, entonces lo que afirma sólo es cierto para ella misma. Es difícil ver por qué, entonces, deben importarnos las afirmaciones de los relativistas[1].

El granjero Ramón y el panadero Luis tenían cada quien su propia "norma" en cuanto a la verdad. En vez de hacer sus medidas honestamente con base en una norma real y común , cada uno creó su propia norma para beneficio propio.

La adopción de normas individuales contra la realidad cotidiana es la paradoja del pensamiento posmoderno. Es algo que cada uno de nosotros enfrenta cada día: en resumidas cuentas, ¿quién tiene la verdad?

Tomemos, por ejemplo, a un adolescente (bueno, a Esteban), que se quedó en la calle más allá de la hora permitida un sábado por la noche. Esteban se había dado cuenta de que aquella fría y vigorizante noche era la noche cuando los relojes retrocedían una hora, por disposición del gobierno, como una medida para aprovechar mejor la luz del día. De modo que si llegaba a la casa una hora después de la hora fijada, no tendría ningún problema.

La conversación en el desayuno la mañana siguiente fue más o menos así. El papá de Esteban comenzó con la pregunta obvia:

—¿A qué hora llegaste a casa anoche?

Esteban respondió:

—Bueno, papá, eso depende de la hora de la que estemos hablando de cuando salí. Estuve de regreso en casa de acuerdo con el reloj de esta mañana.

Desde este punto de vista, la discusión en cuanto a "normas relativas" se viene abajo. El papá de Esteban le hizo ver bien claro que la hora tope en que debía regresar a casa era la que marcaba el reloj el sábado por la noche, cuando salió de la casa.

Desde una hora tope para regresar a casa, hasta la firma de un contrato, la verdad tiene un punto de partida y éste comienza en los hechos de la vida diaria.

---

[1] Paul Copan, *True for You, but Not for Me* (Minneapolis, Minn.: Bethany, 1998), p. 24.

La importancia de la verdad y de la veracidad

Antes de seguir adelante, es importante que comencemos a definir claramente algunos términos. En este libro estamos hablando de "decir la verdad". *Eso significa que cuando hablamos estamos haciendo lo más que podemos por alinear lo que decimos con los hechos, tal como los conocemos.*

Edward R. Murrow, el gran periodista del siglo XX, pensaba que la verdad era importante en sus días y en el trabajo. Por esa razón creó este credo para los periodistas:

> Para ser convincentes, debemos ser creíbles,
> para ser creíbles, debemos ser dignos de confianza,
> para ser dignos de confianza, debemos ser veraces[2].

El papel de la verdad parece seguir siendo importante. "El vivir con un alto grado de integridad" fue mencionado como una de las principales prioridades por casi un 87% de los entrevistados en los Estados Unidos de América, en una encuesta reciente realizada por el Grupo de investigación Barna[3].

Eso tiene sentido. La verdad —la conformidad de lo que se dice con lo que se siente o se piensa— es algo que crea o que destruye nuestra credibilidad. Queremos cumplir con nuestro rol social y también poder confiar en que los demás cumplirán con el suyo. Sin embargo, tenemos que lograr un consenso en cuanto a la norma que rige la verdad, porque de lo contrario no nos vamos a creer unos a otros.

Cuando estudiamos geometría, aprendemos sistemáticamente ciertos axiomas que nos permiten crear teoremas. Podemos probar los teoremas con axiomas, pero los axiomas son simplemente hechos seguros que no admiten discusión. De modo que podemos utilizar ambos para resolver problemas.

Toda sociedad asume ciertos valores (axiomas). Se asumen porque ellos constituyen los componentes básicos que se utilizan para lograr que funcione la maquinaria de la vida. Son convicciones fundamentales que nos permiten enfrentar y finalmente resolver nuestros problemas.

Pero, ¿cuáles son nuestros axiomas hoy? ¿Hemos llegado a un acuerdo, o la norma que rige la verdad es algo que fluctúa entre nosotros? Otro sondeo llevado a cabo por el Grupo de investigación Barna preguntó a los entrevistados si estaban de acuerdo con la siguiente declaración: "La verdad absoluta no existe; dos personas podrían definir la verdad de una manera totalmente opuesta, pero ambas podrían estar en lo correcto". Más del 30% de los encuestados estuvo de acuerdo con la declaración; cerca del 40% estu-

[2]Citado en *Peter's Quotations: Ideas for Our Time* (New York: Bantam, 1980), p. 501.
[3]The Barna Research Group, Donor Compass Baseline 1998, Ventura, California. Febrero-Abril, 1998.

vo de acuerdo en parte; 10% discordó un tanto; y el 15% lo negó fuertemente[4]. Por lo tanto, aunque digamos que el papel de la verdad es importante, la mayoría de nosotros cree que la norma que rige la verdad y la definición de lo que es la verdad son flexibles.

¿Dónde, entonces, nos deja esto? Es evidente que cuando comenzamos a infringir los estándares, torcemos la verdad. Cuando los hechos son negociables, la verdad se convierte en una mercancía de dudoso valor. Eso crea inseguridad en vez de confianza en nuestra "empresa colectiva" del hogar, la iglesia, el trabajo, incluso cuando nos vemos a nosotros mismos en el espejo.

¿La verdad de quién utiliza usted? Ya que mencionamos el espejo, tomemos el ejemplo común: ¿Tiene usted sobrepeso? "Bueno, si usted utiliza las tablas de los médicos (dice usted), son quince kilogramos de más. ¿Pero no está todo el mundo pasado de peso, excepto esas modelos que parecen estar 'muertas de hambre'. ¿Saben una cosa? Mi sobrino pesa más que yo, y eso que mide tres centímetros menos que yo".

"Sí, por supuesto que estoy pasado de peso, de acuerdo con las tablas de los médicos", dice su sobrino, que es levantador de pesas, "pero tengo sólo 2,8% de grasa corporal. Por lo tanto, esas tablas no se aplican a mí".

"De modo que si yo levantara pesas, podría pesar más y no estar excedido de peso", piensa usted.

"Ven, toma otro pedazo de pastel". Es mamá quien invita. Usted siempre le parece desnutrido a su mamá, aunque la barriga le sobresalga siete centímetros, con el cinturón bien ceñido. ¿Pasado usted de peso? No para ella. ¡Qué mamá tan buena...!

¿La norma de quién utiliza usted? ¿La verdad de quién? ¿De qué material está hecha la realidad? Bueno, mamá ya está predispuesta. Ella podría no ser la persona a quien usted le haría una pregunta en cuanto a su aspecto. A su sobrino se le desapareció el cuello y sus bíceps son casi del tamaño de los muslos suyos. ¿Va usted, entonces, a comenzar a levantar pesas? La norma de la realidad le dice que usted necesita ver seriamente las tablas y hablar con su médico. Entonces estaría más preparado para responder a la verdad en cuanto a su peso.

Nosotros creemos que el decir la verdad es uno de esos valores humanos necesarios para hacer que las cosas funcionen. Admitiendo que compartimos las mismas normas en cuanto a la verdad —lo cual no es una buena admisión en el día de hoy— la tarea de poder enfrentar la verdad en cuanto a nosotros mismos es donde deben comenzar las cosas. Luego, decir a los de nuestra familia la verdad, tanto en lo que tiene que ver con ellos como con nosotros, es fundamental para la relación. Y toda relación está cimentada en la confianza.

[4]The Barna Research Group, Omnipoll 1-94, Ventura, California. Enero, 1994.

Verdad y confianza

En su autobiografía titulada *Somebody to Love* (Alguien a quién amar), Grace Slick, quien fuera cantante estrella de la banda Jefferson Airplane de San Francisco, en la década de los años 60, habla brevemente de la verdad: "Los franceses tienen una frase, *petit morte*, que significa 'pequeña muerte'... Cuando alguien le miente a usted, se produce una pequeña muerte —la muerte de la confianza—"[5].

Por supuesto, el concepto de verdad no es algo que está limitado a los conservadores, a los que carecen del sentido de aventura, o a los que simplemente están sujetos a una fuerte ética judeocristiana. Incluso una rockera de vanguardia sabe lo que es esa relación basada en la confianza. Y la confianza es virtualmente imposible si la verdad está ausente.

Para decirle la verdad (¡oh, repetí la frase!), la mayoría de nosotros no decimos la verdad por la ilusión de que estamos salvando de alguna suerte de dolor a la persona a quien le mentimos (ya lo dijimos: "mentimos"). Pero, en realidad, nuestra práctica de mentir en nuestras relaciones sociales sólo prepara a los demás para tener más sufrimientos.

A veces, esta clase de mentiras se producen en nuestros lugares de trabajo. Guillermo era un amigo nuestro que no estaba haciendo bien su trabajo en la empresa donde laboraba. Por la razón que fuera, nadie le decía a Guillermo la verdad en cuanto a su desempeño después de las evaluaciones. Guillermo seguía trabajando cada día bajo la sensación de que lo estaba haciendo todo bien en su trabajo. Pero a medida que pasaba el tiempo, su bajo rendimiento se hacía cada vez más evidente. A los ojos de la empresa, había que tomar una acción rápida, naturalmente. Guillermo llegó una mañana al trabajo y encontró una nota con la indicación de que visitara el departamento de recursos humanos, donde recibió de inmediato una carta de despido.

"El bueno de Guillermo" no fue ayudado por el deseo de su supervisor de no herir sus sentimientos. Y si Guillermo fuera una persona vengativa, podría haber demandado a su jefe por haber permitido que progresivamente fuera perdiendo su empleo.

Entonces, ¿a quién protegemos cuando no decimos la verdad? Usted podría presentar argumentos en favor de los que supuestamente está protegiendo (aunque nos referiremos a esto más adelante). Pero la respuesta obvia es que nos estamos ahorrando a *nosotros mismos* el dolor que implica hablar con franqueza, ya sea que hablemos de nosotros mismos, o de hechos lamentables, o de percepciones reveladoras.

---

[5]Grace Slick y Andrea Cagan, *Somebody to Love: A Rock and Roll Memoir* (New York: Warner Books, 1998), p. 360.

La verdad es importante como concepto, pero también es importante como *conducta*. Eso significa que tenemos que *decir* la verdad, y también creerla. Tenemos que tratar la verdad no simplemente como algo que practicamos. El decir la verdad nos permite establecer relaciones con nosotros mismos, con nuestra familia, con los que trabajamos y con la sociedad en general. Si bien podemos decir que todos creemos en decir la verdad, la influencia de la "ética situacional" o de la "clarificación de valores" parece haber erosionado nuestro carácter. Hemos sido seducidos por una falsa comprensión del papel de la verdad.

La ética situacional y la clarificación de valores parecen compartir la filosofía que dice que mentir es éticamente correcto siempre que sea hecho por un bien superior. Es cierto que la verdad es un valor para el ético situacional, pero no es lo suficientemente superior para tener prioridad sobre otros factores.

Mencionemos un ejemplo: ¿Estuvo bien que algunas personas que escondieron a judíos de los nazis mintieran en cuanto a dónde se hallaban escondidos? Quien defiende la ética situacional diría que la situación anulaba el valor de la verdad. Por consiguiente, mentir era correcto en esa situación.

Sin embargo, los que defienden la ética situacional no son los únicos que piensan así. Algunos filósofos y teólogos han elaborado argumentos para dar a las personas permiso moral para eludir clara y manifiestamente la verdad. Ellos también ofrecen casos como el mencionado antes para probar su razonamiento. Pero, ¿debemos permitirles que conviertan esas excepciones extremas en práctica? Probablemente, siempre y cuando recordemos que tales casos son la excepción.

¿Por qué razón? Porque tales situaciones son tan infrecuentes que deben tener muy poco o ningún impacto en nuestra conducta diaria*. Desgraciadamente, lo que ha traído como resultado la filosofía de nuestra cultura es la deconstrucción de la verdad como valor. Hemos aplicado firme y erróneamente esta "ética de la excepción" a la ética diaria. Hemos cambiado el papel cultural de la verdad de crear confianza —incluso en lo que concierne a sus propósitos superiores— para justificar nuestros propios fines, sin tener en cuenta el bienestar de los demás.

Las recientes maniobras legales en las que se vio involucrado el presi-

*Nota del editor: Los autores hacen esta afirmación desde su propia situación, pero hay millones de personas que hoy mismo están experimentando dilemas parecidos al que se mencionó. Por ejemplo, en Colombia a diario la gente tiene que decidir si "colabora voluntariamente" con el ejército, la guerrilla o los paramilitares, y en la mayoría de casos los colombianos han aprendido que su vida está en juego. El problema es muy complejo. Sin pretender dar una solución, pues sería muy simplista, la experiencia de Rahab en Josué 2 nos puede ayudar a buscar un camino. La mujer definitivamente mintió en cuanto a la presencia de los espías (vv. 4-7). No hay un pasaje en la Biblia que diga que Dios la bendijo por ser mentirosa. Rahab aparece en la lista de los "héroes de la fe" "porque recibió en paz a los espías" (Heb. 11:31; cf. Stg. 2:25), no por mentir. No todo lo que hizo esta mujer fue correcto. Es interesante que las palabras de los espías no fueron de felicitación por su mentira y, al contrario, ellos le dicen lo que debe hacer, que no es mentir (vv. 14, 20) sino guardar silen-

dente de los Estados Unidos de América, quien pidió a sus detractores que definieran el significado de la palabra "es", es un ejercicio ridículo de sutilezas y argucias del lenguaje. Es también un simple reflejo de la actitud del granjero Ramón: "No tengo pesa, por lo tanto usaré la que ustedes me den". (O, "yo definiré lo que es la 'pesa'").

¡Qué dolorosamente corto es el viaje del lenguaje tergiversado a la claudicación de la norma que rige la verdad! ¡Con qué rapidez llegamos hasta el borde de este despeñadero: "Yo no tengo ninguna norma en cuanto a la verdad, por lo que me valdré de la tuya. Pero si conviene a mis propósitos, ¡yo definiré la mía!".

El decir la verdad, tanto a nosotros mismos como a los que nos rodean, no garantiza un final feliz. No asegura que las cosas saldrán de la manera que esperábamos. Pero lo que sí asegura la verdad es un proceso limpio que guiará nuestra vida. La verdad nos permitirá tener una vida de dignidad, de integridad y de una decidida ausencia de temor. Diga la verdad, y nunca temerá el ser descubierto. Diga la verdad, y no tendrá el temor de que alguien descubra su secreto y lo revele a quienes usted lo ha ocultado.

La estudiosa de problemas éticos Sissela Bok explica esta sencilla conexión que existe entre la verdad y la confianza:

> Puedo tener diferentes clases de confianza: de que usted me tratará con justicia; de que usted se preocupa seriamente por mí; de que no me causará ningún daño. Pero si yo no confío en su palabra, ¿puedo tener verdadera confianza en las primeras tres cosas? Si no tenemos confianza en la integridad de los demás, ¿hay alguna manera de evaluar su equidad, su intención de ayudar o de causar daño? ¿Cómo, entonces, se puede confiar en los demás? En cualquier cosa que importe a los seres humanos, la confianza es la atmósfera en la cual ello florece[6].

Nosotros dos disfrutamos con nuestras esposas de relaciones basadas en la verdad. Por supuesto, tenemos desacuerdos en muchas cosas. Los desacuerdos son emocionantes (a su manera) y pueden originar riñas. Pero tenemos la confianza de que, no importa cuán doloroso pueda ser oír las versiones de nuestras esposas en cuanto a la verdad, podemos creer que nos dirán el impacto de los hechos, desde una promesa incumplida a uno de nuestros hijos, hasta el hecho de que lo más probable es que nunca más cabremos

---

cio. El silencio puede ser una salida frente a la posibilidad de mentir. No significa, sin embargo, que todo saldrá bien; lo único que significa es que uno no delata a la persona que protege, y se debe estar listo para dar la vida por ella tal como enseñó el Señor Jesucristo (Juan 15:13).
[6]Sissela Bok, *Lying: Moral Choice in Public and Private Life* (New York: Vintage Books, 1989), nota al pie de página, p. 31.

en esos pantalones de mezclilla que usábamos cuando estábamos en la universidad.

En un encuentro así, es seguro que una de las interpretaciones de los hechos por parte de un miembro de la pareja será incorrecta, tergiversada o mal entendida. (Nosotros dos reconocemos con franqueza que nuestras esposas parecen estar volviéndose más astutas con el paso del tiempo). Pero sabemos que nuestras esposas están siendo íntegras con nosotros en cuanto a cómo han sido afectadas por esos hechos en el área relevante de sus vidas: emocionalmente, espiritualmente y físicamente.

Las parejas en el matrimonio necesitan tratarse mutuamente con la verdad. Cuando la verdad se ejerce mutuamente en el matrimonio, ambos pueden sortear las dificultades que estarán presentes en toda relación. En nuestros propios matrimonios, el decir la verdad ha sido un "formador de carácter". La manera como un carácter madura, crece y se vuelve fuerte en un matrimonio se mide por lo general por nuestra capacidad de decir la verdad en el contexto de un pacto amoroso.

Un carácter fuerte y adaptable puede soportar el dolor que significa decir la verdad. Puede también aguantar el peso de escuchar la verdad. Cuanto más encaremos la verdad, más familiaridad tendremos con ella. Podremos herir menos con la verdad si hemos aceptado ciertas cosas como ciertas.

Podemos tener confianza de que la verdad creará una relación, si nuestra intención es lograrlo. Podemos también esperar que una mentira destruya una relación.

Ese nudo en el estómago

Nosotros dos disfrutamos de una niñez tranquila. Por lo menos, es así como las recordamos.

¿Recuerda usted aquellas vacaciones en las que tenía suficiente edad para hacer ciertas cosas por sí mismo, pero aún era demasiado joven para tener un trabajo? Devlin pasó esas vacaciones de sus últimos años de estudiante de primaria con un grupo especial de amigos de su vecindario. Durante los meses de escuela seguían siendo un grupo, pero esos maravillosos meses de aquellas vacaciones les daban la oportunidad de hablar verdaderamente acerca de la vida. Charlaban de las cosas que les importaban, de las cuales sabían muy poco en la mayoría de los casos. Como parte del proceso, trataban de "ganarse" entre sí. Si uno contaba una historia, eso hacía estallar una respuesta de "¡No, esa es la mentira más grande que he oído!". En vez de reconocer que había exagerado lo contado, o que no se trataba sino de una total fantasía, el mentiroso inventaba historias que apoyaran de alguna manera lo que había contado. Eso, por supuesto, rayaba también en lo fantástico. Pero todo ese esfuerzo de tener experiencias parecidas se hacía con el propósito de evitar conflictos y de continuar siendo parte del grupo.

Devlin se acuerda de varias noches largas y calurosas cuando seguía despierto en la cama, preocupado de que lo pescaran en una mentira. Repasaba en esos momentos los hechos y conversaciones del día para ver si había abierto las puertas para tener más conflictos el día siguiente, por las mentiras que había dicho ese día.

Reconózcalo: usted también ha tenido noches así. Ha sentido el mismo nudo en el estómago. Y en un momento u otro habrá orado para tener la habilidad de mantener unidos los cabos de sus historias, desenredándolas de tal manera que nunca se cruzaran.

Más o menos al mismo tiempo que Devlin estaba teniendo nudos en el estómago por las historias que contaba, Steve estaba inventando excusas para justificar sus escapadas hasta altas horas de la noche.

Todos nosotros hemos tenido noches como esas, en las que nos ha invadido el nerviosismo por haber puesto en peligro a alguien por una mentira que hemos dicho. El hecho es que, a menos que aprendamos la lección de jóvenes, viviremos con el mismo nudo todos los años que vendrán después. Y ese nudo se vuelve cada vez más grande.

Escondiéndonos de la verdad

Nosotros podremos disfrutar de una multitud de beneficios si decimos la verdad. Pero nuestra respuesta humana natural parece ser el huir de ella.

¿Se acuerda de la historia de Adán y Eva? Después de hacer la única cosa que Dios les prohibió que hicieran, Adán y Eva se escondieron. Cuando finalmente se enfrentaron a la verdad de su acción, hicieron lo que todos nosotros hicimos cuando éramos unos niños y éramos sorprendidos haciendo algo que no debíamos hacer: Mentir. Pero, ¿por qué razón?

Creemos que las personas le temen a la verdad por una serie de razones. Una de esas razones es el temor a las consecuencias. O quizás tememos a las represalias. En otros casos, nos produce temor el enfrentarnos con algo que no podemos o no queremos cambiar. A veces le tememos al conflicto. También le tenemos miedo a quedar avergonzados.

¿No es extraño que el negar la verdad nos pone en una posición de temor? Dicho esto, ¿qué es menos maduro: que un niño le tenga miedo a la oscuridad, o que un adulto le tenga miedo a la luz?

Por muchos años, Mirta le había ocultado a su esposo, Samuel, un terrible secreto. Ella había sido abusada sexualmente por su hermanastro, durante cinco años, en sus años de preadolescencia. No se trataba de la experiencia de "desenterrar recuerdos escondidos". Era algo real. Incluso se lo había contado a su madre y a su padrastro todo el tiempo que estuvo ocurriendo. Pero ellos no aceptaban que eso fuera así, y jamás confrontaron al hermanastro de Mirta. El abuso terminó sólo cuando éste se mudó de casa.

No pasó mucho tiempo de matrimonio sin que Samuel comenzara a cuestionar su falta de intimidad sexual.

—Querida, ¿se trata de algo que yo he dicho? ¿Algo que haya hecho?

La falta de explicaciones por parte de Mirta hizo que Samuel imaginara cosas infundadas. Finalmente, perdió su confianza en su capacidad como esposo. Renunció a iniciar los momentos románticos, y dejó de hablar con Mirta cuando regresaba de su trabajo.

Mirta pudo haber vivido con ese secreto durante toda su vida; pero amaba a Samuel demasiado para dejarlo desmoronarse. Por lo tanto, hizo la cosa amorosa y difícil: le contó la historia a Samuel. El dolor de los encuentros, la inseguridad de no saber si ocurriría o cuándo ocurriría el siguiente, el dolor de la no aceptación de lo que estaba sucediendo por parte de sus padres, todo esto lo desahogó totalmente.

Samuel la entendió, y la verdad los sanó a ambos. Sin embargo, no se trata del final de un cuento de hadas, porque ellos todavía siguen teniendo asesoramiento profesional. Pero la luz de la verdad sacó a la relación de la oscuridad.

Bien, ¿por qué la verdad, otra vez?

La verdad es importante porque, como seres humanos, nuestra vida se compone de relaciones. El papel de la verdad es crear confianza en todas las dimensiones de nuestras relaciones. Creemos que las personas viven en una relación con Dios, con otros individuos, y también consigo mismas. El decir la verdad es crucial en cada aspecto de nuestras relaciones, comenzando por nosotros mismos.

Si nos mentimos a nosotros mismos, jamás podremos mejorar, confiar en nuestros puntos fuertes, o apuntalar nuestras debilidades. Obstaculizaremos nuestra propia madurez y, como consecuencia, es probable que jamás desarrollemos el carácter que necesitamos para poder confiar aun en nosotros mismos.

Si les mentimos a los demás, les negaremos las bases para que construyan una relación con nosotros. Estaremos sacrificando el bien común por las ventajas personales. Como consecuencia, el tejido de la sociedad humana, que se mantiene unida por los delicados hilos de las relaciones, se verá debilitado.

Y si le mentimos a Dios, demostraremos que el ciclo del autoengaño se ha completado. ¿A quién estaremos engañando, en todo caso? Como consecuencia, nos volveremos más inclinados a colocarnos a nosotros mismos en el centro del universo y a "hacer el papel de Dios", con una opinión cada vez más disminuida de la calidad de nuestras relaciones.

Todos nosotros tenemos que vérnoslas con el ingrediente del que está hecha la realidad. Todos nosotros tenemos la responsabilidad inalienable de darle a la verdad el papel que le corresponde en nuestra vida diaria. Todos nosotros tenemos algunos medios de llegar a un acuerdo común en cuanto a las normas de realidad, para que podamos tener un intercambio significativo con respecto a los hechos y al impacto de los mismos.

El papel de la verdad es crear confianza. Debemos aprovechar todas las oportunidades para darle a la verdad el papel que le corresponde en nuestra cotidianidad. Debemos convertirnos en personas que digan la verdad todo el tiempo. De lo contrario, a todos nos faltará lo que constituye "el pan y la mantequilla" de una vida saludable: unas relaciones estables.

el imperio de la verdad el imperio
de la verdad el imperio de la verdad el *imperio* de la verdad el
imperio de la verdad el imperio de
la verdad el imperio de la verdad
el imperio de la verdad el imperio

el imperio
de la verdad

Si usted no dice la verdad acerca de usted mismo,
no podrá decirla acerca de los demás.
—Virginia Wolf

A Miguel le encantaba tener como amigo a Rafa, aunque parecía que ambos estaban predestinados a tomar posiciones opuestas en cualquier discusión, incluso antes de que ésta comenzara.

Aquel día particular no fue la excepción. Miguel había iniciado su descarga mientras estaban reunidos almorzando el martes, día en que se reunían para conversar cada semana.

—Rafa, creo que la verdad es una víctima de nuestro tiempo. Son muy pocos los que se preocupan por ella. Los publicistas y predicadores la exageran, los medios de comunicación abusan de ella, y...

Rafa engulló un bocado de ensalada mientras hacía un ademán con la mano para intervenir.

—Perdóname, Miguel, pero hay una razón para eso. A nadie le gusta escuchar la verdad, especialmente la verdad acerca de sí mismo.

—Pero, ¿cómo puede haber relaciones si no existe la verdad? La sinceridad total tiene que ser la base de cualquier relación que valga la pena tener.

—Sí, por supuesto, tienes razón. La verdad es una virtud. Pero, ¿es algo que todavía importa?

—A mí sí me importa.

Tan pronto lo dijo, Miguel se dio cuenta de que Rafa estaba a punto de caerle encima.

—Espera un momento. ¿Es a mí o a ti a quien le está creciendo la nariz de Pinocho?

—¿Qué quieres decir con eso?

—No te ofendas, pero yo creo que la verdad funciona como una virtud porque ella no te exige ninguna aplicación en el mundo verdadero. Disfruta de lo que crees, amigo. No le des demasiada importancia.

—¡Pero es mucho más que eso! Es... lo correcto.

—¡Qué ingenuo, simplista y reaccionario eres!

—Lo que me estás diciendo es que tú nunca realmente has considerado la verdad como la base de una relación.

Rafa soltó una risotada. Era evidente que sentía que había acorralado a Miguel.

—Muy simple. Comienza por tu adorable esposa, Noemí.

Las cejas de Rafa formaron un arco paralelo a su sonrisa afectada, mientras se inclinaba para decir con un susurro:

—¿Qué le dirías a Noemí si te preguntara cómo se ve, si en ese momento se ve terrible?

Después de decirlo, Rafa volvió a enderezarse para hincar el cuchillo en el salmón que tenía frente a él y que servía el restaurante los martes, saboreando el momento mientras esperaba la respuesta de Miguel.

La acusación velada que había en la pregunta de Rafa era clara: *La verdad no significa nada aquí, incluso para ti. Por supuesto, tú no le dirías a tu esposa que se ve horrible. Le mentirías y le dirías que se ve hermosa, ¿verdad?*

Bueno, tal vez, pero tal vez no de la manera como estás pensando.

Mentiroso, mentiroso

Este tema fue tratado en el filme titulado *Liar, Liar* (Mentiroso, mentiroso). Fletcher Reede, el personaje de Jim Carrey, utiliza el siguiente ejemplo para explicarle a su hijo, Max, por qué los adultos tienen que mentir:

> Cuando tu mami estaba embarazada de ti, aumentó unos dieciocho kilogramos. No había nada que no comiera, y papi estaba asustado. Pero cuando me preguntaba: "Querido, ¿cómo me veo?", yo le respondía: "Mi amor, te ves maravillosa. Eres hermosa. Estás radiante". Si yo le hubiera dicho a mami que parecía una vaca, habría herido sus sentimientos. ¿Me comprendes?[1]

---

[1]Paul Guay y Stephen Mazur, escritores, *Liar, Liar* (Mentiroso, mentiroso), A Brian Grazer Production, Estudios Universal, 1997.

¿Quién no se identifica con este ejemplo? ¿Cómo aplica usted la verdad en una situación como ésta? Pero lo sorprendente es que la película también proporciona la respuesta clásica. La sencilla respuesta de Max al elaborado razonamiento hecho por su padre, es ésta:

—Mi maestra dice que la belleza verdadera es la que está por dentro.

Por esta sencilla ilustración podemos ver cómo nosotros, como individuos —y también como comunidad y como sociedad— justificamos la mentira, porque con la verdad también se puede ofender. La verdad hay que aplicarla con justicia a todos, y creemos que la aplicación comienza *con* cada uno de nosotros y *en* cada uno de nosotros.

Dicho esto, la verdad tiene mala fama en los días en que vivimos. El antiguo estadista Adlai Stevenson tenía razón cuando señaló lo siguiente: "Usted descubrirá que la verdad es muchas veces impopular... Porque, dicho vulgarmente, nosotros los estadounidenses tenemos una debilidad por las buenas noticias"[*2]. De acuerdo con una reciente encuesta realizada por el Grupo de Investigación Barna, cerca de una tercera parte de nosotros cree hasta cierto grado que "tal como están las cosas hoy, mentir es a veces necesario"[3].

Debilidad por las buenas noticias, eso es cierto. Nos hemos vuelto tan perezosos en nuestra actitud hacia la vida, que buscamos salir de cualquier situación de la manera más rápida y sencilla. Lamentablemente, "la mentira necesaria" comienza por lo general con la persona que vemos en el espejo. Queremos que la verdad se aplique a todo el mundo, *menos* a nosotros mismos. El resultado es que podemos aminorar, de diversas maneras, nuestra responsabilidad de decir la verdad.

El uso de la verdad como un escudo protector

Son muchas las personas que utilizan la "verdad" como un escudo protector. De hecho, probablemente todos nosotros lo hacemos de vez en cuando. El utilizar la verdad como un escudo significa simplemente tomar una posición que contiene, por lo menos, algunos elementos de verdad. Luego utilizamos esos elementos de verdad para vacunarnos contra el tener que decirle a alguien una verdad desagradable en cuanto a sí mismo o en cuanto a su situación.

Veamos un clásico y trágico ejemplo de un matrimonio de hoy en día. (Estaremos hablando más acerca de decir la verdad en el contexto de la familia en un capítulo posterior). Utilizaremos una pareja hipotética, Mario y Ga-

---

Nota del editor: Esta debilidad se manifiesta también en muchas otras sociedades en el afán de ocultar la realidad o, más bien, la verdad.
[2] New York Times, Junio 9, 1958.
[3] The Barna Research Group, Omnipoll 1-97, Ventura, California. Enero, 1997.

briela, para ilustrar el "abuso de la verdad" en una relación. (Lo que nos disponemos a decir son, sin embargo, casos reales de matrimonios que hemos conocido).

He aquí un "abuso de la verdad" de parte de Gabriela, quien se casó con Mario justo al graduarse de la universidad: "Yo no sé por qué nos estamos divorciando. Pienso que simplemente nos desenamoramos".

Esto sucedió después de estar viviendo juntos por casi veinte años y de criar dos hijos. La expresión "simplemente nos desenamoramos" parecía un poco débil, pero sí tenía ciertos elementos de verdad. Gabriela y Mario ya no tenían un matrimonio feliz. En realidad, parecía como si ambos estuvieran empeñados en hacerse desdichados mutuamente.

La verdad comenzó a aparecer a medida que pasaban las semanas. Gabriela y Mario habían desarrollado una amistad con otra pareja que habían conocido en el lugar de trabajo de Gabriela. Ésta y el esposo de la otra mujer compartían también tiempo juntos en el trabajo. Cuando se vio presionada a decir la verdad, Gabriela reconoció que habían hablado de abandonar sus respectivas parejas. Gabriela no estaría nada cómoda con esa perspectiva mientras siguiera casada con Mario, por lo que comenzó a distanciarse de su esposo. Mario reaccionó distanciándose él también y coqueteando abiertamente con otras mujeres.

Gabriela estaba a punto de ver realizado su deseo a través del divorcio. Por su actitud hostil, también se las había arreglado para convencer a Mario de que alguna otra mujer le convendría más como esposa. (¡Qué excusa más buena para tener un buen matrimonio!, ¿no le parece?).

El "desenamoramiento" de ellos no ocurrió por accidente, sino que comenzó como una elección consciente de ambos. Gabriela había descrito a la perfección sus sentimientos presentes, pero no había sido capaz de captar la verdad más completa acerca de la decisión que había tomado y que la ayudaba a sentirse de esa manera.

Este ejemplo ilustra la utilización de la verdad como un escudo protector. En vez de confesar lo hecho, reconocer las decisiones que llevaron a la situación, o de otra manera aceptar la responsabilidad por la verdadera situación, la persona toma un poco de verdad y confiesa que "siguió el dictado del corazón en vez de seguir el de su mente". Por más cierto que eso sea, sigue siendo todavía una excusa que permite que la persona se desentienda de cualquier responsabilidad real por sus acciones.

La verdad como un arma

Uno de los usos más comunes e incorrectos de la verdad, es cuando se utiliza como un arma contra los demás.

Sigamos con la historia de Mario y Gabriela. Cuando Gabriela comenzó a distanciarse de Mario, éste se sintió profundamente herido. Entonces comenzó la estrategia de traerle flores y de invitarla a cenar fuera una vez a la semana, para reavivar la relación. Pero cuando Gabriela no respondió como Mario esperaba, la herida se convirtió en encono.

Decidió entonces recitar una letanía de las cosas que lo habían molestado de Gabriela desde el primer día que se conocieron siendo estudiantes de primer año de la universidad. Cada punto de la lista era verdad. En la lista estaba la preferencia de Gabriela por las novelas románticas y su negativa durante todos esos años de sentarse a ver un juego de fútbol con él. La lista de Mario incluía también la incapacidad de Gabriela de conciliar las cuentas bancarias, a pesar de que había hecho estudios de contabilidad, y también que él siempre era culpado de ser el duro con los hijos en cuanto a la disciplina. Incluso sacó a relucir el hecho de que, cuando estudiaba en la secundaria, ella siempre alineaba sus papas fritas en el plato de acuerdo con el tamaño. (Recordaba una conversación que había tenido con una de las amigas de Gabriela en una reunión de compañeros de clase, y esto le permitió sacar a la luz el chismecito).

¿Hace falta decir que eso fue un error de parte de Mario? En este caso, y en cualquier otro parecido, utilizar la verdad como un arma *no es* decir la verdad. Eso no es sino arrancarle a alguien un pedazo de carne. Es una herramienta para vengarse, ni más ni menos. El intento mismo de venganza, aunque las palabras que uno diga puede que reflejen la verdad, hace que este procedimiento no busque decir la verdad sino más bien causar dolor.

La verdad como subterfugio

En situaciones caldeadas, los comentarios pueden volverse demasiado personales. Se pueden decir cosas que hieren, o con ánimo vengativo, o que tal vez estén peligrosamente cerca de la verdad. Una reacción desafortunada en situaciones así es emplear la táctica de utilizar la verdad como un subterfugio. Cuando simplemente no estamos dispuestos, o no estamos preparados, o no somos capaces de escuchar la verdad acerca de nosotros mismos, utilizamos algunas de nuestras "flechas con la verdad" para dispararlas y apagar las luces que están siendo dirigidas a nosotros.

Continuemos con los "abusos con la verdad" de Mario y Gabriela. Ésta, en respuesta a los ataques de Mario, que se valió de algunas verdades, respondió diciendo: "Bueno, tú no te has preocupado por los kilogramos que tienes de más desde que salimos de la universidad. Me sorprendería que alguna de las mujeres con las que hablas te mire dos veces, a no ser por lástima".

¡Ay! Como muchos de nosotros, Mario había perdido, en verdad, su esbelta figura cuando llegó a los treinta años, y esto lo incomodaba a más no poder. Gabriela lo sabía, y por eso le dijo una verdad donde él era muy vulnerable. Esto trastornó a Mario, y lo puso a cavilar y a preguntarse si su matrimonio tal vez no habría sido tan desgraciado de haber permanecido él bajo una dieta perpetua.

Cuando utilizamos la verdad como un subterfugio, tratamos rápidamente de recordar algún hecho o un detalle desagradable acerca de la persona con quien estamos teniendo un altercado. Lo lanzamos como un misil en la conversación, esperando infligir suficiente dolor, con el fin de ponerle fin a la discusión (en el mejor de los casos) o por lo menos dirigir la luz hacia *la otra persona* para convertirla entonces en el tema de la discusión inquisitiva.

La verdad como un escudo protector, o la verdad como un arma, o la verdad como un subterfugio son todos ejemplos de abusos con la verdad. Entonces, ¿cómo podemos ponernos a salvo de tales abusos? ¿Qué podría proporcionar una norma práctica para utilizar bien la verdad en todos los casos? ¿Podemos sugerir "el imperio de la verdad"? Por supuesto que sí podemos.

El imperio de la ley

Las discusiones políticas y legales alrededor del proceso de destitución en 1998 del entonces presidente de los Estados Unidos de América, Bill Clinton, pusieron en discusión pública un concepto llamado "el imperio de la ley". Este es un concepto que formulan y con el cual luchan los redactores de las constituciones de los diferentes estados, hasta que finalmente lo incorporan en su filosofía de gobierno.

Dicho en forma sencilla, el imperio de la ley dice que todo el mundo tiene que vivir bajo las leyes de la nación. Nadie es inmune ni está excluido o exento del cumplimento de las leyes. Si una persona ha hecho o no algo ilegal, no es la opinión de alguien la que se aplica, sino que hay que ir a la ley escrita. De modo que el juzgar si algo estuvo bien o mal no pertenece al ámbito emocional sino a otro que es lo más objetivo posible.

El imperio de la ley ofrece la misma protección a todos los ciudadanos. Esto es lo que impide que un ciudadano común reciba un tipo de justicia diferente a la que recibe alguien que pertenece a una clase más elevada o a una clase gobernante. Su propósito es servir como el gran igualador de la sociedad. Todos podemos escoger vivir de manera diferente; todos podemos prosperar de forma diferente; todos podemos rendir culto a Dios de manera diferente. Pero cuando se trata de nuestro compromiso con la sociedad de vivir bajo ciertos parámetros, todos nos sometemos a la misma norma. Este imperio de la ley, esta igualdad frente a la justicia, es uno de los conceptos unificadores de cualquier sociedad, uno de los valores que unen a una nación.

Creemos que hay una buena aplicación de la lógica del imperio de la ley al asunto de decir la verdad. Es lo que llamamos "el imperio de la verdad".

El imperio de la verdad

Dicho en forma sencilla, "el imperio de la verdad" es esto: Nadie tiene el derecho de decirle a otro "la verdad" hasta que haya invertido tiempo, energías y diligencia en aprender la verdad acerca de sí mismo.

El concepto parece sencillo, y lo es, pero la *aplicación* del "imperio de la verdad" es todo, menos algo sencillo. El imperio de la verdad le exige a uno mismo una aplicación justa de la verdad. Eso significa que usted se esforzará para evaluar honestamente sus debilidades y fortalezas, y luego actuará objetivamente en respuesta a esa evaluación.

Valgámonos de una antigua fábula popular judía para explicarlo. Se cuenta la historia de un rabino y tres estudiantes que estaban yendo de un pueblo a otro cierto día. El rabino quería probar la capacidad de los estudiantes de evaluarse con franqueza. Entonces les dijo:

—Supongamos que mientras recorremos este camino nos encontramos con una bolsa llena de oro. ¿Qué harían ustedes?

Uno de los estudiantes respondió de inmediato:

—Yo se la devolvería al dueño.

El rabino se acarició la barba y pensó: *Éste necesita aprender más. Su respuesta fue muy rápida, lo que me indica que no consideró bien el asunto de la tentación.*

Estamos de acuerdo con el rabino. Este estudiante probablemente no aplicó rigurosamente el imperio de la verdad a sus propias debilidades.

El segundo estudiante respondió:

—Yo caería, sin duda, en la tentación. Si nadie me viera, me quedaría con la bolsa.

El rabino arqueó una ceja algo sorprendido, y pensó: *Es posible que éste sepa lo que lo tienta, ¿pero dónde tiene la moral? ¿Sucumbiría tan fácilmente a la tentación?*

Estamos otra vez de acuerdo con el rabino. Este estudiante no se estaba aplicando a sí mismo el imperio de la verdad, y por eso no pudo identificar sus reservas de fortaleza.

El tercer estudiante parecía renuente a responder. Después de unos cuantos minutos, levantó los ojos y se encontró con la mirada del rabino. Entonces dijo:

—Rabino, sé que me sentiría tentado a quedarme con la bolsa. Por eso, le pediría a Dios que me diera la fortaleza necesaria para hacer lo correcto.

El rabino sonrió y pensó: *¡Por fin! Uno de ellos ha aprendido algo.*

Muy cierto. El tercer estudiante se aplicó el imperio de la verdad a sí mismo con disciplina. No sobreestimó sus méritos ni tampoco los olvidó. Eso le permitió dar una respuesta a una situación, una respuesta que estuvo basada en la realidad objetiva.

No le resultó fácil. Tuvo que pensarlo. Sin embargo, el resultado fue que el tercer estudiante estuvo preparado para lidiar con el ingrediente con que está hecha la realidad.

La fuente del imperio de la verdad

Usted podría preguntarse: Pero, ¿de dónde surge este imperio de la verdad? Surge de muchas partes, pero probablemente la fuente más importante de esta enseñanza moral proviene de la Biblia.

Se han escrito muchos libros en cuanto a lo que dice la Biblia sobre la verdad, de cómo la define, y sobre las leyes morales que surgen de la verdad. Por lo tanto, sería repetitivo intentar referirnos de nuevo a todo esto. Pero permítanos mencionar un pasaje bíblico en el cual se desarrolla el imperio de la verdad:

> Muy de mañana [Jesús] volvió al templo. Todo el pueblo venía a él, y sentado les enseñaba. Entonces los escribas y los fariseos le trajeron a una mujer sorprendida en adulterio; y poniéndola en medio, le dijeron:
>
> —Maestro, esta mujer ha sido sorprendida en el mismo acto de adulterio. Ahora bien, en la ley Moisés nos mandó apedrear a las tales. Tú, pues, ¿qué dices?
>
> Esto decían para probarle, para tener de qué acusarle. Pero Jesús, inclinado hacia el suelo, escribía en la tierra con el dedo. Pero como insistieron en preguntarle, se enderezó y les dijo:
>
> —El de vosotros que esté sin pecado sea el primero en arrojar la piedra contra ella.
>
> Al inclinarse hacia abajo otra vez, escribía en tierra.
>
> Pero cuando lo oyeron, salían uno por uno, comenzando por los más viejos. Sólo quedaron Jesús y la mujer, que estaba en medio. Entonces Jesús se enderezó y le preguntó:
>
> —Mujer, ¿dónde están? ¿Ninguno te ha condenado?
>
> Y ella dijo:
>
> —Ninguno, Señor.
>
> Entonces Jesús le dijo:
>
> —Ni yo te condeno. Vete y desde ahora no peques más.
>
> (Juan 8:2-11)

Esta historia contiene muchas cosas más. El escenario era un lugar público, el templo, donde Jesús estaba enseñando. El contexto nos permite saber que el debate en cuanto a quién era Jesús, que sucedía entonces en Israel, era muy parecido a lo que ocurre en nuestra cultura hoy. Él había enfurecido a muchos de los líderes religiosos de su tiempo. No es de extrañar, entonces, que los líderes religiosos que menciona este pasaje estaban buscando la manera de poner a Jesús en una situación que pudiera efectivamente poner fin a su ministerio.

Su estrategia era utilizar la verdad como un arma. Cuando ellos vinieron a Jesús, estaban preparados para lograr su objetivo. Le trajeron a una mujer que había sido sorprendida en el acto del adulterio. La ley judía era inequívoca en cuanto a esta situación: debía ser apedreada. Pero ellos a propósito le preguntaron: "¿Qué dices *tú* en cuanto a apedrearla de acuerdo con la ley de Moisés?".

Al hacerle esa pregunta, pusieron a Jesús en un gran dilema: Si él estaba de acuerdo con el hecho de que la mujer fuera ajusticiada, se pondría en conflicto directo con el gobierno romano que ocupaba Israel en ese tiempo. Roma había decretado que los judíos no tenían derecho a condenar a muerte a nadie. Pero si Jesús disculpaba a la mujer, los líderes religiosos podían entonces decir que él estaba enseñando el repudio a la ley de Moisés.

Ellos pensaban que habían puesto a Jesús en un aprieto inevitable. Uno puede casi imaginar cómo se les hacía agua la boca mientras esperaban abalanzarse sobre la respuesta de Jesús.

Por supuesto, esperaban una respuesta más ortodoxa que la que Jesús les dio. Cuando le plantearon el caso, Jesús se inclinó y comenzó a escribir en el suelo. Se han hecho muchas especulaciones en cuanto a lo que estuvo escribiendo. ¿Estaba escribiendo lo que decía la ley? ¿Estaba haciendo garabatos en el suelo mientras pensaba en la respuesta que les daría? O tal vez estaba escribiendo algunas acusaciones en cuanto a los demás presentes. Nosotros simplemente no podemos decir con precisión qué estaba él escribiendo.

Cuando Jesús se puso de pie, el asunto cambió completamente. Ya no era cuestión de lo que la ley decía. *La cuestión era cómo utilizamos nosotros la verdad aplicada a los demás, en relación con lo que sabemos acerca de nosotros mismos.* La mujer era definitivamente culpable. Pero, para Jesús, la cuestión no era ya lo que la ley decía en cuanto a ella, sino lo que era la verdad en cuanto a cada uno de los que estaban presentes. Él desafió a aplicar el imperio de la verdad a todos los que podían oírlo. Esto fue lo que les dijo: "El de vosotros que esté sin pecado sea el primero en arrojar la piedra contra ella".

Jesús respondió al "abuso con la verdad" en esta situación. Como hemos dicho antes, la verdad estaba siendo utilizada como un arma en este caso. El propósito era dar una puñalada a Jesús y a su obra. Su intento era destruir a Jesús, si no por manos de los dirigentes religiosos, ciertamente por manos de los romanos. El propósito no fue nunca ayudar a la mujer acusada. Los que estaban tratando de atrapar a Jesús ya habían llegado a la conclusión de que ella era culpable y que debía morir apedreada.

Cuando Jesús habló, ofreció quizás el más claro ejemplo del principio que estamos llamando el imperio de la verdad. Todos los que estaban presentes fueron declarados culpables, no por Jesús, ni por los fariseos, sino por su propia conciencia. Cuando los que rodeaban a Jesús enfrentaron la verdad acerca de sí mismos, ya no fueron capaces de ser parte de una situación en la que la verdad estaba siendo utilizada como un arma. La verdad no podía ser ya un instrumento de venganza.

Es claro que el propósito del imperio de la verdad no es implicar que aprobamos cualquier tipo de conducta, simplemente porque podemos ser acusados de algo de igual gravedad (o de un grado de bochorno mayor). El punto del imperio de la verdad es que manejamos la verdad en todas las situaciones de manera muy diferente una vez que nos vemos a nosotros mismos con ecuanimidad y enfrentamos nuestras propias faltas.

Lo más importante en cuanto a la verdad es, probablemente, que la busquemos con afán. Pero es también muy importante que la manejemos bien una vez que la tengamos.

Vamos a considerar en breve un panorama general en cuanto a las muchas maneras como se abusa de la verdad y de lo que puede hacerse al respecto cada día. Pero antes de comenzar a hablar de esto y de tratar de promover la causa de la verdad en nuestros hogares, con nuestros amigos, en el trabajo y en la sociedad, tenemos que realizar una labor preliminar.

Habiendo ya establecido el concepto del imperio de la verdad, veamos lo que significa vernos a nosotros mismos con veracidad, honestidad y actitud crítica. Examinaremos nuestra vida, lo que podemos esperar para poner en práctica el imperio de la verdad, y cómo debemos responder a las cosas que descubramos.

El proceso de autodescubrimiento —o de "autorevelación, si lo prefiere— no es una cuestión que sucede una sola vez. Para la persona veraz, la aplicación del imperio de la verdad se convertirá en un modo de vida permanente. Es algo que practicará una y otra vez. Por lo tanto, prestemos mucha atención y descubramos algunas verdades acerca de nosotros mismos al iniciar este recorrido.

el impacto de la verdad el impacto de la verdad el impacto de la ver- dad el impacto de la verdad el impacto de la verdad el impacto de la verdad el dad el impacto de la verdad el

el impacto de la verdad

> La verdad es un dolor que no cesa.
> —Louis-Ferdinand Céline

Hilda y Laura habían sido amigas durante los primeros cuarenta y cinco años de su vida. Habían sido compañeras de estudio, y ambas habían estado en la fiesta de bodas de la otra. Incluso se casaron con un par de hermanos, y por consiguiente estaban emparentadas.

Eso es lo que hacía más lamentable su distanciamiento, que se había originado por un desacuerdo respecto a los colores de la guardería de la iglesia. ¿Quién iba a pensar que una fuerte discusión en cuanto a si en la sala cuna debían utilizarse colores primarios o pastel alimentaría una enemistad que habría de durar varias décadas?

Treinta años después de haberse iniciado la ruptura, Hilda fue hospitalizada para ser operada de un cáncer. Debido a su edad y a la naturaleza de la enfermedad, su diagnóstico no era nada bueno. Los esposos de las mujeres decidieron finalmente que ya era suficiente, y les exigieron que se reconciliaran antes de la operación de Hilda.

Laura fue fácil de convencer. Sentía mucha pena por la condición de su vieja amiga, e incluso algo de culpa por haber malgastado tantos años con esa amargura.

Hilda parecía menos inclinada a hacer el esfuerzo. Era comprensible que su atención estuviera centrada en sus propias circunstancias en que se encontraba. Sin embargo, se dio cuenta de lo sensato que era que arreglaran las cosas por el bien de las familias.

Hilda y Laura apenas parecían tolerarse la una a la otra en las actividades de las familias y de la iglesia durante todos esos años. Habían sido corteses cuando las circunstancias lo exigían, pero nada más. Un apretón de manos en la habitación del hospital donde estaba Hilda parecía un poco formal para la situación, de modo que se dieron un abrazo breve y ceremonioso. Luego se sentaron frente a frente, tocándose las rodillas, mientras que sus maridos permanecían a la entrada de la habitación.

Laura comenzó diciendo:

—Hilda, ¿puedes recordar lo que nos puso en esta situación?

Hilda hizo un movimiento afirmativo con la cabeza.

—Los colores de la guardería.

Luego, en tono conciliador, añadió:

—¿Sabes cuántas veces han repintado esa habitación desde entonces?

Laura asintió con la cabeza.

—Se ve diferente cada año o cada dos años. Ahora hay una especie de mural allí, ¿no?

—Ha sido una tontería mantenernos disgustadas por algo que no duró mucho después del día en que fue pintado. ¿Qué nos llevó a hacer eso?

—No lo sé. Pienso que temía que te acercaras a mí para pedirme que te perdonara, y entonces me habría sentido ridícula por haber convertido una cosa tan banal en algo tan grande.

—¿De veras? Lo mismo pensaba yo. Temía todo el tiempo que vinieras a mí y quisieras reconciliarte, y eso me haría parecer una tonta por haber dado pie a toda esa discusión.

Los esposos se miraban el uno al otro. Se iba a producir lo que esperaban. Estaban a punto de ver el éxito de sus esfuerzos.

Entonces las mujeres dijeron a una voz:

—¿Quieres perdonarme?

De inmediato surgieron las esperadas lágrimas y los abrazos. Luego pasaron los siguientes minutos tratando de recuperar treinta años de comunicación perdida.

Laura sabía que Hilda necesitaba estar bien descansada para la intervención quirúrgica, por lo que le pidió permiso para retirarse. Hilda vio que su vieja amiga se dirigía a la puerta. Laura se dio una vuelta, y con una expresión de seriedad en su rostro le preguntó:

—¿Esto vale aunque te recuperes, no?

Enfrentando el dolor

¿Una pregunta sorprendente? En realidad, no. De hecho, lo que impidió que las mujeres se reconciliaran antes fue el dolor de tener que enfrentar la verdad acerca de sí mismas. Laura quería estar segura de que esos momentos de reconciliación habían servido de algo.

Con toda franqueza, su desacuerdo era ridículo, y el hecho de que hubiera acabado con su larga amistad hacía la cuestión aún más absurda. Todo el mundo sabía eso, incluso ellas. Sin embargo, en vez de enfrentar la verdad acerca de sí mismas, dejaron que los colores de la guardería de la iglesia se convirtiera en un bloque que mantuvo rota la relación durante tres décadas.

¿No es simplemente sorprendente que para evitar tener que enfrentar la verdad acerca de nosotros mismos tengamos que llegar a tales extremos?

Seguramente que le agradará saber que Hilda se recuperó y que actualmente disfruta de una renovada amistad con Laura. Fue un final feliz, pero no perdamos la lección que nos ofrece esta historia. Durante treinta años, tanto Hilda como Laura se habían sentido incómodas por la pérdida de su relación. Pero temían enfrentar la verdad de que su enemistad las hacía parecer unas tontas para los que las rodeaban. Cada una sabía que la reconciliación significaría tener que enfrentar su propia pequeñez. De modo que, para evitar esa dolorosa verdad, se mantenían alejadas la una de la otra.

Enfrentémoslo: Nosotros no somos tan diferentes. ¿Quién de nosotros *no* elige evitar el dolor siempre que le sea posible, incluso el dolor de la verdad? Enfrentar el dolor de quiénes somos realmente, y los resultados sinceros de nuestras acciones, es la clave para mantener —o reconstruir— la confianza en cualquier relación. La pregunta de Laura, al final de su conversación con Hilda en el hospital, era seria. "Esto vale" significaba que las dos habían enfrentado la verdad acerca de sí mismas, por más dolorosa que fuera, y que estaban dispuestas a continuar su relación basada en una confianza mutua.

Nunca olvidemos, sin embargo, esta característica innegable de la verdad: a veces duele. En esos casos, hace falta valor para enfrentar el dolor. Hace poco supimos de dos amigos —llamémoslos Leonardo y Fernando— que estaban sufriendo a causa de una relación rota. Se pusieron de acuerdo en que sería bueno y saludable para ambos el hablar de lo que estaba sucediendo entre ellos. Devlin tuvo la oportunidad de ser mediador en la discusión.

Leonardo estuvo dispuesto a restablecer la amistad. Eso significaba que admitía su parte de responsabilidad por la desavenencia, siendo muy sincero al manifestar lo mucho que lo había hecho sufrir la situación. Lo hizo maravillosamente; fue franco, sincero y conciliador.

A diferencia de él, Fernando había venido simplemente a ofrecer una letanía de agravios que había sufrido por parte de Leonardo.

¿Hace falta decir que la reunión no logró la reconciliación? Leonardo habló con Devlin acerca de su frustración. Había venido a la sesión dispuesto a ser sincero consigo mismo y con la relación, pero lo único que se consiguió fue que Fernando presentara una lista de serias acusaciones, sin que reconociera ninguna responsabilidad por la ruptura de la relación. Era dolorosamente evidente que Fernando estaba ansioso por descargar el dolor que sentía, pero no estuvo dispuesto a considerar su propia conducta.

Leonardo mencionó que él, por lo menos, tuvo una conciencia limpia en cuanto a la reunión. Se sentía bien por el esfuerzo que había hecho de escuchar y aceptar la verdad acerca del dolor que sus acciones habían causado. Pero indudablemente no estaba satisfecho de que el asunto no se hubiera resuelto. ¿Qué impedía que Fernando estuviera dispuesto o tuviera el poder de enfrentar la verdad acerca de sus propias acciones?

El problema del dolor, la dolorosa verdad.

Contrastemos la conducta de Fernando con la de Ricardo. Como joven que era, Ricardo descubrió que si incluía en su currículo que había recibido un título universitario, eso incrementaría sus oportunidades de conseguir un empleo. No era que *nunca* hubiera hecho estudios superiores, sólo que no había logrado sacar un título.

Ricardo era un lector voraz. Aprendió más en su trabajo que lo que pudo haber aprendido en un salón de clases. No pasó mucho tiempo sin que entrara a trabajar en una compañía con mucho futuro, con el cuento del título todavía en su currículo. Muy pronto fue ascendido. Pocos años después sus hábitos de trabajo le ganaron otro ascenso, de modo que se encontró de pronto en un nivel ejecutivo.

El asunto del currículo estaba casi olvidado, hasta un día que se realizó una reunión de los ejecutivos de la empresa. El presidente de la compañía se puso de pie y dijo:

—Estamos en la vía de formar parte de las quinientas principales firmas del mundo, según la revista *Fortune*. Por lo tanto, tenemos que planificar nuestros negocios de una manera eficiente.

»Por eso es que les pido a todos que obtengan otro título universitario. Algunos de ustedes necesitan sacar una maestría, y otros, doctorados en sus respectivos campos. Tenemos que dar el ejemplo al resto de la compañía. Les daremos el tiempo que necesiten para sus tareas de clase, y la compañía se encargará del pago de sus estudios.

Ricardo estuvo tranquilo durante el resto de la reunión. Pero cuando terminó la sesión, captó la atención del presidente y le dijo:

—Necesito decirte algo.

Esperaron a que los demás salieran de la habitación, y luego el presidente cerró la puerta tras de ellos. Ricardo no perdió tiempo y no se anduvo con rodeos:

—Tú necesitas saber que yo no tengo siquiera una licenciatura. Y que di información falsa cuando solicité trabajar aquí hace diez años. Mi currículo dice que tengo un título universitario, pero con toda sinceridad debo decirte que prácticamente no he pensado en eso desde que llené la solicitud. Así que no quiero causarte dificultades, por lo que renunciaré si me lo permites.

El presidente tragó grueso, y dijo:

—Ricardo, tú sabes cuál es la práctica de la empresa, y por eso no puedo permitir que te quedes. Tuviste la oportunidad de confesar la verdad cada vez que eras promovido, y el párrafo sobre los requerimientos del trabajo decía: "una licenciatura de cuatro años".

—Lo sé. Me gustaría poder cambiar eso ahora, pero ya no es posible.

—Aceptaré tu renuncia, pero quiero que me hagas un favor.

—¿De qué se trata?

—Saca tu título. Mientras tanto, permíteme que utilice tus servicios como consultor de vez en cuando. Incluso, te daré una recomendación para que puedas presentarla en otras compañías. Y no tienes que mentir acerca del impacto de la contribución que diste aquí, porque fue grande. Pero no puedo pasar por alto el problema de la integridad.

Ricardo se marchó a su casa ese día y le contó a su esposa lo sucedido. No fue el momento más feliz en su matrimonio, pero sí un día crucial para Ricardo. Tras enfrentar la verdad acerca de sí mismo, comenzó un proceso de sanidad. Su autoestima mejoró porque no tuvo que esconderse detrás de una mentira para probar su valía en el campo que era competente.

Ricardo y su familia tuvieron problemas económicos durante un tiempo, pero él se las arregló para superarlos. Se convirtió en consultor, y finalmente no sólo sacó su licenciatura sino también una maestría. Ahora está muy satisfecho trabajando como consultor para varias empresas y enseña en una universidad.

Ricardo enfrentó la verdad dolorosa y resolvió un asunto del pasado que lo habría obsesionado por el resto de su vida.

¿Qué de nuestras propias fallas?

Nosotros tenemos, a veces, la tendencia de responsabilizar a la sociedad de nuestras fallas personales. De igual manera, la sociedad refleja la suma total de esas fallas. Por eso, cuando observamos la encuesta de Barna en la que se preguntaba qué tal estaba la sociedad en cuanto a las categorías de "honestidad e integridad" en comparación con los últimos diez años, nos llamó la atención descubrir que un poco más del 50% de las personas creía que las cosas habían empeorado. Cerca de la tercera parte creía que las cosas seguían iguales, mientras que un 10% consideraba que la honestidad y la integridad habían ganado terreno[1].

La gran mayoría de las personas tiene la opinión de que la verdad está de

---

[1] The Barna Research Group, *Omnipoll* 2-93, Ventura, California. Febrero, 1993.

capa caída. ¿Piensa usted que eso es así porque tenemos dudas de qué tan bien estamos conduciendo nuestra vida personal?

¿Por qué es tan importante actuar con verdad en todos los aspectos de la vida? Nosotros creemos que la verdad se puede ver como la gran igualadora. Si somos capaces de aceptar la verdad en cuanto a nosotros mismos, será mucho más fácil aceptar las fallas de los demás. La verdad puede ser la gran sanadora si le permitimos que lo sea. Ella puede poner al descubierto las áreas dentro de nosotros que son egoístas, vengativas, desconsideradas, oscuras y perversas.

La verdad es el único principio que nos permite vernos a nosotros mismos y a nuestras situaciones de una manera honesta. La verdad proporciona el momento de decisión para que podamos tomar la resolución de cambiar lo que somos y lo que hacemos. Cuando aplicamos el imperio de la verdad —el ser honestos con nosotros mismos antes de señalar las faltas de los demás— ocurre muchas veces algo asombroso. Lo que descubrimos en nosotros mismos es muy parecido a lo que nos sentimos tan obligados a criticar en los demás.

El hallar que somos tan imperfectos como aquellos a quienes queremos censurar es algo que nos resulta doloroso, por lo que puede haber una reacción diferente a ese "momento de verdad": una respuesta de gran pasividad frente a la verdad.

¿Por qué razón? Porque cuando nos vemos enfrentados con la verdad en cuanto a nosotros mismos, la mayoría nos ponemos a la defensiva. A veces, esa reacción es un intento de aliviar el dolor que nos produce el vernos tal como somos. Otras veces, es una protección contra los amargos resultados de las cosas que hemos hecho.

Un amigo nuestro, Pablo, pierde a veces los estribos, y cuando es víctima del mal humor reacciona contaminando el aire alrededor suyo con malas palabras. Tina, su esposa, le ha señalado este hábito más de una vez, pero la respuesta de Pablo ha sido siempre la misma: "Eso no tiene importancia. Es mejor lanzar al aire palabras que ponerse a lanzar sillas, ¿no?".

Pero hace no mucho tiempo, Pablo oyó a su hijo de cinco años decir unas cuantas perlitas cuando éste se encontraba en la salita familiar de la casa. Corrió a ver lo que pasaba, y encontró a su hijo vociferándole al control de juegos de videos porque no estaba funcionando como él esperaba.

Pablo lo reprendió en el acto, y luego le hizo una pregunta:

—¿Dónde aprendiste ese lenguaje?

El niño respondió sin vacilar:

—Dije lo que tú siempre dices, papá.

Pablo se puso de inmediato a la defensiva.

—¿Cuándo me has oído utilizar esa clase de lenguaje?

De nuevo, sin titubear, respondió:

—Cuando la podadora de césped no funciona como tú quieres, eso es lo que tú dices.

Pablo quedó desconcertado por un momento. Entonces movió afirmativamente la cabeza, y dijo:

—Creo que *tú y yo* tenemos que hacer algunos cambios en nuestro vocabulario, ¿no te parece?

Pablo se ha dado cuenta del impacto que tienen sus palabras sobre quienes lo escuchan, pero pasará algún tiempo antes de que pueda romper el hábito. Mientras tanto, está cosechando los resultados de este punto débil de su carácter, que se han reflejando en su hijo. Él hubiera deseado haber enfrentado mucho antes la verdad en cuanto a su manera de hablar.

La lepra emocional

Pero no seamos demasiado duros con Pablo. Es parte de la naturaleza humana dar una respuesta automática que nos proteja del dolor. Sin embargo, el dolor juega un papel vital y esencial en nuestra vida. Desde el punto de vista médico, el propósito del dolor es protegernos de mayores daños.

Por generaciones, la gente creyó que la lepra era una enfermedad que causaba la descomposición y el deterioro de la carne del individuo. Pero la ciencia moderna ha descubierto que, además de causar este deterioro, la lepra insensibiliza los nervios. Cuando estos nervios se mueren, la persona se causa daño a sí misma sin que se dé cuenta. ¿Cuál es el resultado? Que alguien atacado de lepra es más propenso a sufrir golpes o heridas lacerantes *sin que se dé cuenta de ello.*

Estas lesiones que no se sienten hacen que se descuide la herida. A su vez, este descuido lleva a infecciones horrendas. Estas infecciones son uno de los efectos visibles de la enfermedad; antes se creía que eran los primeros síntomas de la dolencia.

Lo que ocurre es esto: cuando alguien tiene lepra, pierde la sensibilidad y se vuelve vulnerable a una serie de dolencias secundarias que pueden convertirse en una amenaza para su vida.

¿Todavía quiere una vida sin dolor? La verdad es que el dolor, si bien es incómodo, desagradable y, por lo general, lacerante, es el sistema de alarma que nos indica que algo está mal.

En nuestros días, evitar el dolor se ha convertido en un arte. Por sobre todas las cosas, queremos tener alivio del dolor. Esto es cierto en cuanto a lo físico, pero lo que es cierto en cuanto a nuestro cuerpo también lo es en cuanto a nuestro carácter.

En un grado mucho mayor, queremos evitar el dolor emocional y psicológico. Queremos evitar cualquier verdad en cuanto a nosotros que pueda ser emocionalmente desagradable, y por eso hacemos el papel de leprosos emocionales. El resultado es que comenzamos a insensibilizar nuestros nervios a las cosas que no están funcionando correctamente. Entonces nuestro carácter, nuestra personalidad y nuestro espíritu comienzan a deteriorarse.

La consecuencia de ser auténticos (o de no serlo) va mucho más allá que el simple (y muy válido) argumento de que "mentir es malo" o de que "el engaño es diabólico". El fruto más terrible de no decir o de no enfrentar la verdad es que comenzamos un camino descendente que fomenta el deterioro de nuestra conciencia y la descomposición de nuestro carácter, tanto individual como colectivamente. Cuanto más nos esforcemos por evitar el dolor para sentirnos bien, peor nos volveremos, más gangrenoso se volverá nuestro espíritu y más enferma nuestra personalidad.

Hoy en día, cuando mucha gente está obsesionada por la salud física y mental, evidentemente hemos dado una nueva definición a lo que es tener una personalidad saludable. Estar "saludable" parece significar no tener ningún dolor. La salud en las relaciones y en nuestro ser mental y espiritual ya no se define en términos del funcionamiento o el bienestar óptimo. En vez de ello, hemos creído la premisa de que no tener ningún dolor es estar saludable.

Pero eso es peligroso. Si hay ausencia de dolor, las afecciones que son tratables y que tienen la posibilidad de ser curadas se convierten en una amenaza para la vida.

Con esto, llegamos a "la pregunta del millón de dólares" de este libro: *¿Qué es lo que tanto nos asusta en cuanto a decir la verdad, para que vivamos evitando el dolor a toda costa?*

La verdad que sana

Hace no mucho tiempo, Steve recibió permiso para volver a levantar pesas como parte de su entrenamiento físico. ¿Por qué es importante que lo digamos? Porque por varios años él ha estado bajo tratamiento por hipertensión moderada. La opinión popular es que hacer ejercicios con pesas, aunque sean livianas (Steve no se está preparando para participar pronto en los juegos olímpicos), puede ser perjudicial para el tratamiento de la hipertensión.

Los problemas de Steve con la presión alta se pusieron de manifiesto después de que al medirse la presión sanguínea los datos fueron muy elevados; eso sucedió en sucesivas consultas que tuvo con su médico hace casi diez años. Como ocurre a menudo con la hipertensión, no había síntomas evidentes. En realidad, la medida de la presión fue hecha como resultado de otras razones que tuvo Steve para visitar al médico. Él nunca fue al médico para saber la verdad acerca de su presión sanguínea. Pero no había forma de negar lo que decían las pruebas.

No olvide esto mientras discutimos este punto: la manera más común de evitar el dolor es no ponernos nunca en una situación en la que alguien se sienta cómodo diciéndonos la verdad. En el caso de Steve, eso significaba evitar hablar con el médico o con alguien que pudiera hacerle una medición de la presión sanguínea. Él, después de todo, nunca "sentía" realmente su hipertensión. Pero se resistía a aceptar la veracidad de los valores, y el hecho de que necesitaba lidiar con el problema antes de que éste comenzara a mostrar síntomas evidentes.

Una manera ligeramente menos frecuente de evitar el dolor, es la actitud de negar siempre la realidad cuando nos vemos claramente confrontados con asuntos que tienen que ver con nosotros. Incluso frente a evidencias abrumadoras e incontrovertibles, utilizaremos cualquier treta o manipulación —y, más veces de lo que quisiéramos admitir, la agresión abierta— para evitar saber la verdad acerca de nosotros mismos. Por varios meses, Steve tuvo problemas para reconocer que sufría de hipertensión. Pero Annie, su esposa, estaba muy consciente de ello, como también lo estaba un círculo íntimo de amigos. A ellos, Steve les respondía: "Sí, tengo que ocuparme de este asunto de la presión", pero a sí mismo se decía: "¿Será realmente hipertensión? Podría ser sólo un pico en mi presión arterial por causa del mucho trabajo... o por ese asunto del plazo que se me vence... o por esos kilogramos que aumenté en Navidad... o por ...".

La tarea que tenemos por delante es crear un contexto personal en el que podamos comprender que el dolor de la verdad acerca de nosotros mismos, si bien es molesto, no es malo. Es, en realidad, liberador. La verdad es la luz que disipa el temor de lo secreto. La verdad nos permite evitar ese gran nudo que se nos forma en el estómago cuando pensamos en las cosas que estamos escondiendo, y también nos permite evitar el temor que genera la idea de que podemos quedar al descubierto ante los demás. La fachada que creemos que nos *protege* sólo nos *blinda* contra el dolor. Esto nos permite seguir siendo, con mucho entusiasmo, las personas imperturbables que queremos ser. Pero no nos permitirá hacer algo para convertirnos en la persona que, en lo más profundo de nuestro corazón, sabemos que nos gustaría ser.

Para Steve, la verdad es que él quería estar en control de su hipertensión. Lo primero que tenía que hacer era enfrentar la verdad de su situación: "Sufro de hipertensión". Sin exageraciones, sin excusas, aceptando simplemente el problema.

Lo segundo que tenía que hacer, era esperar con interés la verdad acerca de su problema en vez de esquivarla. Eso significaba un monitoreo constante de su presión sanguínea, tanto en casa como en el consultorio médico. Pero, que no se le escape esto: *En ese momento, la verdad se convirtió en algo libertador en vez de algo debilitador.*

Lo tercero que tenía que hacer era tomar acciones para mejorar la situación. Steve detesta las medicinas, pero las toma fielmente. Y porque las detesta, en vez de aumentar la dosis de ellas, se ha puesto de acuerdo con su médico para dar pasos más activos y alternativos contra la hipertensión: practicar karate, jugar baloncesto, hacer ajustes en la dieta, y ahora el levantamiento moderado de pesas. Su meta es convertirse en un modelo de los que están bajo tratamiento de la hipertensión, y de acuerdo con sus últimas visitas al médico, es posible que lo logre.

La peregrinación y la paradoja

Dicho esto, hay que añadir que a Steve le tomó casi siete años reconocer su hipertensión. Pero, ¿cuánto tiempo puede ser necesario para reconocer un problema de la personalidad? Por lo general, es más fácil lidiar con una medida altamente objetiva de verdad como, por ejemplo, los datos de la balanza o de la presión sanguínea, que lidiar con un problema de la personalidad. Pero estos problemas de la personalidad son las que siempre miden la integridad de nuestra peregrinación cotidiana.

Esto nos deja con una paradoja personal que tenemos que enfrentar cuando hablamos del impacto de la verdad. Por una parte, el dolor de enfrentar la verdad sobre nosotros mismos es algo real. De eso no hay la menor duda. Por otra, una vez que comenzamos a aceptar la verdad acerca de nosotros mismos, nos sentimos mejor con lo que somos, y con lo que son nuestros problemas. En ese momento, las nuevas revelaciones sobre nosotros mismos, aunque siguen siendo dolorosas, son más fáciles de aceptar. De modo que, al aceptarnos a nosotros mismos y a nuestros desafíos, nos vemos liberados para ser más plenamente lo que debemos ser.

En la canción *An Apology* [Una apología], del grupo Hangnail, hay una parte que parece resumir la reacción humana básica frente a la verdad:

> *Es difícil aceptar la culpa,*
> *pero a veces hay que reconocerla;*
> *es más fácil rectificar la mentira,*
> *que enmendar lo verdadero[2].*

Enfrentar la verdad en cuanto a nosotros mismos vale cualquier dolor. Entonces, ¿debemos buscar el dolor? ¿Debemos ser como algunos monjes del pasado que se vestían con ropas ásperas y que se autoflagelaban para expe-

---

[2]Letra de la canción *"An Apology"* por Hangnail (1999) cortesía de BEC Recordings, © Spinning Audio Vortex (BMI), www.becrecordings.com.

rimentar el sufrimiento continuo? Usted puede pensar lo que quiera, pero para nosotros la respuesta es no. Por lo tanto, ¿debemos evitar todo tipo de dolor para tener una vida "feliz"? De nuevo, la respuesta es no.

El dolor verdadero no es una experiencia estática, sino dinámica. Piense en esto: ¿Cuándo ha experimentado usted un dolor? La mayoría de las veces, cuando un dolor se vuelve más real, también se vuelven más reales las otras emociones. Y los *tipos* de emociones que se combinan pueden no siempre armonizar al principio. Este es uno de esos casos.

Finalmente, experimentamos más alegría cuando nos enfrentamos a nuestro dolor, reconocemos su fuente y comenzamos el proceso de sanidad. El dolor nos permite ver nuestras fallas. Cuando aceptamos lo que somos, con todos nuestros defectos, comienza a suceder algo maravilloso. La evaluación honesta de nuestras deficiencias y luchas puede llevarnos a acciones viables para bregar con ellas. Si hacemos esto, las cosas que tememos, las cosas que no queremos que nadie vea, perderán todo su poder.

Una vez que hayamos decidido ver la verdad como nuestra liberadora, no nuestra captora, no necesitamos seguir teniéndole miedo a lo que veremos a la luz de la verdad.

segunda
parte

cómo decir la verdad en medio de una cultura de mentira

la verdad y la espiritualidad la
verdad y la espiritualidad la verdad y la espiritualidad la verdad y
la espiritualidad la verdad y la espiritualidad la verdad y la espiritualidad la verdad y la espiritua-

capítulo

4 ▶ la verdad y la espiritualidad*

> Háblenme de la verdad, y escucharé con mucho gusto. Háblenme del valor de la religión, y escucharé dócilmente. Pero no me hablen de la consolación de la religión, o comenzaré a sospechar que no han entendido.
>
> —C. S. Lewis

Iván se había ido a vivir con su abuelo Norberto, en otra parte del país, cerca de la costa. El capitán vivía en una vieja casa situada frente al océano. Cuando Iván no estaba en la escuela, él y Norberto pasaban muchas horas juntos caminando por la playa y recogiendo pedazos de madera que les llamaba la atención, y también pedacitos de cuarzo de franjas coloreadas. Pero, sobre todo, disfrutaban de la compañía mutua.

Pero antes de que usted piense que todo suena muy idílico, tiene que saber esto: que Iván vivía con Norberto porque sus padres habían fallecido en un choque frontal con un automóvil conducido por un conductor ebrio. Aunque el testamento de sus padres lo ponía bajo el cuidado de su tía materna, todos en la familia estuvieron de acuerdo con que Iván necesitaba pasar un tiempo alejado, tener un tiempo de retiro, para que superara su dolor. Norberto, que era el abuelo paterno, era la persona perfecta para

---

Nota del editor: Cuando los autores hacen mención de "espiritualidad" están pensando en un sistema de fe, sin especificar a ningún grupo en particular. "Espiritualidad" es sencillamente alguna referencia a cierta comprensión de Dios, que se convierte en un referente para nuestras acciones éticas y que para unas "espiritualidades" es más estricto que para otras.

ayudar a Iván, por lo que con mucho placer se encargó de la tarea.

Fueron necesarias varias semanas de caminatas por la playa en un silencio casi absoluto antes de que Iván comenzara a abrirse, aun a su querido "abuelito". Hubo ocasiones cuando esos paseos terminaban con el muchacho volcado sobre el hombro de su abuelo, ahogando sus sollozos. Nada de palabras, solamente con su angustia. Ese era el fin de cada caminata diaria. Pero Norberto sabía que eso era suficiente.

Pasó el tiempo. Norberto evitó ceder a la tentación de asemejar la situación de su nieto al ritmo incesante de las olas, a la vasta extensión del océano, al radiante horizonte de cada amanecer. Él simplemente escuchaba y esperaba. Finalmente, Iván comenzó a asistir a la iglesia con Norberto. Incluso comenzó a participar en algunas actividades que la iglesia tenía para los chicos. Pero un domingo por la tarde, Iván entró a la cocina de la casa hecho una furia.

—¡Abuelito, ya basta! ¡Estoy harto de la iglesia! No creo eso que dicen todo el tiempo, que Dios hace que "todas las cosas ayuden a bien". ¡Tonterías! ¡Es espantosamente fácil decir que todas las cosas están bien, si tienen sus padres vivos!

Ése era el momento que Norberto había estado esperando, lo que no lo hacía más fácil. Norberto calló durante algunos segundos para asegurarse de que Iván había terminado con su explosión de cólera. Pero aunque Norberto ya había pensado qué iba a decirle, Iván ya estaba dando marcha atrás un poco.

—Abuelito, en realidad no quise decir eso... Me gusta estar contigo, sólo que...

—No te preocupes, mi amigo. No te preocupes en absoluto. Sé lo que quisiste decir. La gente siempre es sincera cuando dice que Dios sacará algo bueno de lo malo. Pero no siempre se percibe de esa manera, eso es todo.

Norberto señaló entonces una pequeña vitrina de piezas de porcelana que estaba en una esquina del comedor. Colocó la mano sobre el hombro de Iván, y gentilmente lo llevó hasta la vitrina. En la repisa de más arriba había una concha de ostra abierta a la que se le había dado un brillo artificial con laca. Dentro de ella había una perla hermosa, aunque imperfecta.

—¿Recuerdas de dónde vino esta perla, mi amigo?

—Claro, abuelito, del mar de Japón, donde trabajaste como buzo para una compañía de salvamento. Esa es una de mis cosas favoritas que tú tienes.

—También lo es para mí. Pero, ¿sabes algo? Toda la gente piensa que esta perla es hermosa, ¿no? ¿Sabes cómo se formó? Hizo falta mucho tiempo, mucha presión y mucha irritación. A la ostra le entra un grano de arena, y esto le produce una irritación. Entonces segrega algo para protegerse de la irritación, pero la irritación continúa y la secreción sigue hasta que se forma la perla. Nos parece hermosa, pero para la ostra significó un tremendo dolor.

»Hay quienes piensan que cuando Dios hace algo hermoso eso es como irse de vacaciones a un lujoso centro turístico vacacional donde nos miman, donde nos dan todo tipo de informaciones y de donde uno se marcha en la mejor forma como para presentarse en televisión. Yo nunca he visto que las cosas funcionen de esa manera.

»Mientras estamos tratando de descifrar lo que Dios tiene para nosotros, pasamos mucho tiempo irritados. Nos hallamos dentro de una olla de presión tal, que convertiría en mantequilla las almejas más duras, y pasamos allí más tiempo del que quisiéramos. Y más o menos cuando estamos a punto de estallar o de colapsar, uno se pone a pensar que Dios ha hecho algo especial, algo hermoso a la larga, que impide que nos volvamos locos.

»Así que, amigo mío, lo más que puedo decirte es que, con el tiempo, con la presión, con el dolor y con la irritación, viene el crecimiento. Detesto el precio que estás pagando para tener ese crecimiento, y Dios sabe que yo haría todo lo posible para que no fuera así, si pudiera, pero no puedo hacerlo. Todo lo que puedo decirte es que Dios llora cuando nosotros lloramos. Esto es lo que dicen los salmos. Pero también quiero decirte que yo estaré contigo hasta que el Señor me lo permita. Y es posible que algún día le hallemos *alguna explicación* a todo esto.

La fabulosa verdad

Usted habrá notado que Norberto se negó de plano a utilizar la espiritualidad para ayudar a Iván a soslayar la verdad en cuanto a su situación. En vez de eso, se valió de la espiritualidad para dar a su nieto un contexto que le permitiera enfrentarse con la verdad.

En todo caso, ¿de qué manera afecta la espiritualidad nuestra perspectiva sobre la verdad? Para cerca de dos terceras partes de los adolescentes que dijeron tener una concepción ortodoxa acerca de Dios, el "vivir con un alto grado de integridad" era algo "muy deseable" para ellos, en comparación con el 55% que dijo no tener una concepción ortodoxa de Dios[1].

Entre los adultos que manifestaron tener algún tipo de identificación cristiana, fueron más lo que dijeron que guardaban el mandamiento que dice "No des falso testimonio..." (NVI), que los que manifestaron estar fuera de la fe cristiana[2].

Entonces, superficialmente, por lo menos, quienes tienen una espiritualidad estricta parecen apreciar y practicar la verdad más consistentemente que los que carecen de esa espiritualidad. Por supuesto, también está la posi-

[1]The Barna Research Group, *Teens 1995*, tabla 53b, Ventura, California. Enero, 1995.
[2]The Barna Research Group, *Omnipoll* 1-92, Ventura, California. Enero, 1992.

bilidad de que esas personas pueden estarse mintiendo a sí mismas en cuanto a sus prioridades y sus prácticas.

Otra posibilidad es que es mucho más fácil admirar la verdad que practicarla.

En la reciente película *The matrix* (La matriz), que ha sido un éxito de taquilla, Keanu Reeves hace el papel de un reacio salvador de la humanidad. Para poder estar en condiciones de cumplir con su misión, Neo, el personaje de Reeves, es enseñado y moldeado por un personaje llamado Morfeo. Cuando Morfeo está luchando con una lección particular, reta a Neo diciéndole: ¿Existe alguna diferencia entre saber y hacer?[3].

Esa sola oración resume el reto que enfrentamos como individuos, como familias y como cultura. Prácticamente todos los sistemas religiosos que creen en la espiritualidad reconocen la importancia de decir la verdad, el valor de la honestidad, y la necesidad de que haya integridad en la comunicación. Sin embargo, como nación, más del 70% de los estadounidenses* coinciden hasta cierto grado con la siguiente declaración: "Si se trata de moral y de ética, de lo que es correcto o incorrecto, no hay normas absolutas que se puedan aplicar a todo el mundo en todas las situaciones". Sin embargo, la espiritualidad profesante reduce mucho el porcentaje de los que están de acuerdo con la declaración[4]. ¿Cuál es la conclusión? Que la fe aumenta las probabilidades de que aceptemos valores absolutos.

Parece, entonces, que usamos en parte la espiritualidad como algo que nos ayuda a identificar los ideales que aspiramos. Utilizamos la espiritualidad para confirmar que esos ideales tienen un valor. Esto es cierto, por igual, para cristianos, judíos, musulmanes, hindúes y budistas. Todos estos enseñan a sus hijos, por ejemplo, que decir la verdad es muy importante. De hecho, si usted tiene alguna vez la oportunidad de ver a los padres cuando un hijo les dice una mentira, escuchará una conversación (llamémosla "monólogo parental") que es casi universal. Puede contener diferentes palabras, pero la idea es generalmente ésta: "No me mientas. Tienes que decir la verdad. Decir la verdad es muy importante". Entonces, al menos con nuestros hijos, queremos que el ideal de la verdad produzca una aplicación práctica de la verdad.

¿De qué otra manera influye la espiritualidad sobre la verdad? Quizás, como en el caso de Norberto y su nieto Iván, la espiritualidad proporciona también un contexto para que se aplique la verdad a nuestra vida cotidiana, y esta aplicación comienza con nosotros. La gran pregunta es, entonces, esta: ¿Cómo pasamos de *saber* que la senda de la verdad es la senda correcta, a

[3]De *The matrix* (La matriz), una producción de Silver Pictures, Warner Brothers, 1999.
*Nota del editor: Aunque estas estadísticas se aplican al lugar de investigación, Estados Unidos de América, seguramente los valores son aplicables a gran parte de la cultura occidental.
[4]The Barna Research Group, Omnipoll 2-93, table 71b, Ventura, California. Enero, 1993.

hacer realmente la caminata de esa senda, o cómo vivir una vida que se distinga por la práctica de la verdad?

Porque saber qué senda tomar, como Morfeo le dice con tanta claridad a Neo, no es lo mismo que *vivir* y *andar* en la senda correcta.

Saber, vivir y el punto de arranque

Creemos que el punto donde comienza una persona no sólo a *saber* sino realmente a *vivir* una vida veraz es en el peregrinaje espiritual.

Lo irónico es que, mientras que el desarrollo espiritual se ha convertido en un tema muy popular, el poner diariamente en acción los principios de este peregrinaje espiritual es harina de otro costal. Nuestra cultura parece creer que recopilar de los libros mucha información sobre espiritualidad, de grupos de apoyo, o de grupos de interés del libro del mes, o de las iglesias es suficiente en sí mismo. Nuestras sociedades han creído la noción de que el conocimiento sin obediencia es suficiente para lograr los beneficios de una mayor espiritualidad.

Todas las grandes religiones del mundo dan un énfasis importante al hecho de decir la verdad. Entonces, ¿por qué resulta tan difícil para los practicantes de estas religiones vivir las obligaciones de su fe en cuanto a ser veraces? ¿Pudiera ser que una falacia moderna esté asfixiando el valor de la verdad en nuestra vida espiritual? Esta falacia nos dice que todo lo que enseñan las religiones es impracticable hoy, que el fin es lo que importa, y que el peregrinaje es un mal necesario que hay que aceptar hasta que logremos la recompensa.

"¡Me muero de las ganas de crecer!" es el clamor constante de Maggie, la hija de Steve. Su mundo se ha llenado de los deseos de cocinar por sí misma, arreglarse el cabello ella misma, decorar su habitación como ella quiere, y... bueno, ya sabe a lo que me refiero. Maggie comenzó pidiéndoles las llaves de la casa a sus padres cuando tenía tres años de edad, y desde entonces no ha desistido.

Pero, al escribir esto, cuando Maggie se acerca a su noveno aniversario, la prueba de la verdad de esa queja se produce en un momento de una lastimadura real. Pero si Steve está cerca, Maggie se convierte otra vez en la "niña de papá" mientras le curan la rodilla lastimada y le aplican unas curitas. Otra prueba de la verdad se produce cuando Maggie se da cuenta de que, a pesar de lo inteligente que es, no sabe cómo arreglar uno de sus juguetes favoritos que se le ha dañado. En ambos casos, se ve confrontada con la verdad de que necesita crecer más para tener más experiencia y más conocimientos, y dedicar tiempo para hacerlo.

En un mundo de satisfacciones inmediatas, la idea de que el crecimiento y el desarrollo (físico, espiritual y social) exigen tiempo y esfuerzo es una afrenta para nosotros. Como niños impacientes, queremos madurez espiritual, fuerza espiritual y sabiduría espiritual *ahora mismo*. ¿Por qué tenemos que invertir tiempo y energías, exponernos a cometer errores y cosechar las heridas que deja la experiencia? ¿No podemos simplemente evitar el dolor (ah, de nuevo la palabra) y la lucha del proceso, y lograr madurez y sabiduría sólo con la teoría?

Esta actitud demuestra que hay una cosa que rara vez tomamos en consideración: que el decir la verdad es un concepto amplio —y creemos que universal— y que aprender cómo utilizar la verdad como una fuerza positiva es una tarea inmensa. Desde una perspectiva espiritual, el hablar la verdad tiene que ver con principios eternos y con el saber cómo aplicarlos sabiamente en un mundo distorsionado y temporal. Pero se necesita tiempo para aprenderlos y aplicarlos. ¡Nada de gratificaciones inmediatas!

Entonces, ¿cómo emprender esta peregrinación de crecimiento en la verdad? ¿Cómo puede esta peregrinación ayudarnos a desarrollar la fortaleza de carácter que nos permita vivir una vida veraz? Veámoslo de este modo: nuestra peregrinación necesita comenzar por nosotros mismos. *Nuestra peregrinación espiritual comienza con la manera como nos vemos a nosotros mismos.*

En este punto, por supuesto, los esquemas de las peregrinaciones espirituales se vuelven disparatadamente divergentes. Hay personas que se miran a sí mismas y simplemente no ven (o no quieren ver) nada en ellas que no quieran ver. Luego están los que reconocen el hecho de que ninguno de nosotros es perfecto. En realidad, si reflexionamos bien ni siquiera estamos a la altura de nuestras *propias* expectativas, mucho menos de ningún criterio externo.

La ortodoxia tiene sus limitaciones en esta área. Incluso si convenimos intelectualmente en que no hay ninguna garantía de que aplicaremos a nosotros mismos lo que nos enseña el sistema de fe en cuanto a la naturaleza y el destino de la humanidad. Pero si lo permitimos, una vida espiritual saludable nos ayudará a tener una perspectiva más objetiva de nosotros mismos. Nos ayudará a lidiar con el hecho de que no somos perfectos ni tampoco indignos. Esto puede —y debe— ser una herramienta indispensable al aplicar el imperio de la verdad.

Debemos ser francos aquí y decirle que somos cristianos. Nuestra perspectiva de la espiritualidad está coloreada indudablemente por nuestras propias peregrinaciones de fe. Con todo, veamos un ejemplo de otros cuyas experiencias pudieran ayudarnos a entender el proceso necesario para ser personas en crecimiento y espiritualmente saludables.

Hola, me llamo _____ y soy un mentiroso en vías de recuperación

Nosotros tenemos varios amigos que son alcohólicos, o drogadictos, en vías de recuperación. Ellos nos hablan con frecuencia de sus experiencias con Alcohólicos Anónimos, Cocainómanos Anónimos o Narcodependientes Anónimos, grupos que les han dado ayuda objetiva y práctica

No somos de ninguna manera expertos en los programas de los pasos para la recuperación. Pero al examinar los doce pasos empleados en cada uno de los programas de los grupos arriba mencionados, nos llamó la atención lo firme y profundamente arraigado que está cada uno de ellos en la idea de decir la verdad. Cada paso exige que se diga la verdad, primero a sí mismos y luego a los demás.

El primer paso es reconocer que usted no tiene ningún poder, ninguno en absoluto, sobre la adicción. Eso es cierto. Usted tiene que reconocer honestamente su impotencia en cuanto a su adicción. Sólo así será posible que se cree el ambiente para que pueda tener el poder para lidiar con la adicción.

Esto parece ser una paradoja, ¿no cree? Pero, prácticamente, cualquier alcohólico o narcodependiente en vías de recuperación le dirá, con mucha vehemencia, que a menos que usted sea sincero consigo mismo y acepte su impotencia, jamás obtendrá la victoria sobre la adicción que controla su vida. A menos que usted llegue al punto de reconocer honestamente su debilidad e impotencia, estará condenado a seguir con el problema. Y una cosa más: ellos le dirán que es el orgullo lo que impide que la persona haga este reconocimiento decisivo.

Otro de los doce pasos tiene que ver con la reparación de los daños causados. Todo este paso consiste en reconocer honestamente lo que usted estuvo dispuesto a hacer —a usted mismo y a los demás— para poder continuar con su adicción. El examen escrupuloso y honesto de su conducta lo llevará al punto de tener que ofrecer disculpas y reconocer su culpabilidad frente a las personas que ha lastimado. Esto es ser veraz: reflexionar sinceramente en cuanto a usted mismo para decirse la verdad en cuanto a lo que usted es y lo que han hecho sus acciones. Por más doloroso y traumático que sea este proceso, esto es lo único que hace posible la recuperación.

Pocos, o ninguno, de los doce pasos son fáciles. Ellos exigen un autoexamen inflexible, una honestidad evidente en cuanto a las acciones (u omisiones), y dolorosos encuentros con los individuos que la persona ha lastimado.

¿Por qué hemos dedicado tanto espacio a esto de las adicciones y de los programas de los doce pasos? Por una razón muy simple: porque los que han lidiado con un alcohólico o un adicto le dirán que el mentir es uno de los síntomas fundamentales de la condición de esa persona. Los adictos y los alcohólicos se vuelven unos campeones de la mentira, del engaño, de los informes falsos y de la manipulación. El resultado físico de su mal es la destrucción del cuerpo, y el resultado espiritual la destrucción de los verdaderos valores que permiten relaciones saludables. La condición de estas personas desemboca siempre en relaciones rotas por causa de la mentira y del engaño. La recuperación se produce sólo después de que son sinceras consigo mismas, lo que las pone en la ruta de la recuperación de la lepra emocional de la que han sido víctimas por su adicción.

Creemos, sin embargo, que estos pasos no son sólo para los que están luchando contra su alcoholismo o drogadicción. La verdad de los doce pasos no se diferencia en absoluto del imperio de la verdad que discutimos en el capítulo 2 de este libro: que para participar en el proceso de ayudar a otros a señalar sus fallas, debemos primero calificar para ello tras habernos aplicado la norma a nosotros mismos. Tenemos que entrar en esta esfera de decir la verdad con el reconocimiento clásico: "¡Hola! Me llamo (colocamos aquí nuestro nombre) y soy un mentiroso en vías de recuperación". Sólo así podremos avanzar.

La honestidad puede ser despiadada

En la mayoría de los programas de recuperación de una adicción, usted encontrará una despiadada honestidad puesta en práctica por los líderes, para beneficiar a los nuevos "clientes" que no están siendo veraces. Estos líderes no permiten nada de engaños, manipulaciones o ideas interesadas por parte de los que quieran ingresar a los programas. No obstante, una vez que alguien ha sido honesto con ellos acerca de lo que es y de su situación, nada de lo que haga esa persona le será reprochado. La honestidad es recompensada por la aceptación. El dolor es suavizado por el amor.

¿No sería maravilloso que los que proclamamos una base espiritual para la vida extendiéramos la misma clase de amor y aceptación a los que practican la honestidad? Por el contrario, muchas veces nos valemos de la espiritualidad como excusa para excluir a las personas cuyas fallas no podemos aceptar.

Es increíble ver como algunas comunidades religiosas reaccionan ante un miembro que no ha estado a la altura de la ética de la comunidad. Hace treinta años, Jaime era un estudiante de la escuela secundaria y tuvo una relación sexual con una compañera de estudios. Ésta quedó embarazada y finalmente dio en adopción al niño. Se marchó del pequeño pueblo donde vivía y jamás regresó.

Jaime, por otra parte, siguió viviendo allí. Ingresó a la Guardia Nacional y desempeñó un buen trabajo. Asimismo, se involucró en las actividades de la iglesia después de egresar de la escuela secundaria. Se consagró a Cristo y esto transformó completamente su vida. Sirvió como ujier y formó parte del equipo de fútbol de la iglesia. También formó parte del coro.

Sin embargo, aunque estudió en la universidad y recibió un título como profesor de secundaria, la iglesia de Jaime jamás le permitió enseñar en la Escuela Dominical. Había en la junta de la iglesia una señora legalista que no podía olvidar el hecho de que Jaime "había embarazado a una chica". De nada valía que Jaime se hubiera arrepentido de su pecado, ni que hubiera manifestado a los jóvenes de la iglesia el dolor que eso había causado. Tampoco importaba que el hecho hubiera ocurrido por lo menos hacía diez años, ni que Jaime estaba felizmente casado y que tenía dos hijos. *Nada de eso importaba.*

Pero, para crédito de Jaime, él considera hasta el día de hoy que el haber sido honesto en cuanto a su falta es su recompensa. No pudo enseñar en la Escuela Dominical sino hasta hace unos pocos años, pero podía dormir con una conciencia tranquila porque aceptó y se enfrentó con la verdad acerca de sí mismo.

¿Y qué pasó con la señora legalista de la iglesia? En su funeral realizado hace diez años, su hija Adela presentó a un extraño a la iglesia y dijo: "Este es mi medio hermano Nicolás. Mamá lo dio en adopción antes de conocer a papá".

Tantos años transcurridos, y nadie en la iglesia lo sabía.

¿Y qué de nosotros mismos? ¿No es una peregrinación espiritual ausente del autoexamen honesto, una peregrinación hacia la autogratificación más que hacia la autorrealización? ¿Y no se hace esa autogratificación innecesariamente a costa de los demás?

Presión por medio del dolor

Un amigo nuestro, que trabaja como capellán de una gran universidad, nos contó la historia de Vince. Éste, todo el tiempo que estuvo estudiando en la universidad, disfrutaba burlándose de "esos pobres paganos" que estaban atrapados por el "horrible vicio del cigarrillo". A Vince le encantaba regañar a cualquiera que prendiera un cigarrillo en su presencia. Sabía los últimos datos en cuanto al daño que podía causar a los órganos vitales el fumar cigarrillos. Hasta confrontaba a las personas que no conocía con esos datos como parte de lo que él creía que era su "deber cristiano".

El problema era que, mientras estudiaba en la universidad, Vince tenía una barriga bien grande. El capellán lo encontró un día arengando a un fumador en la parte exterior de la sede de la asociación de estudiantes, mientras engullía, no uno, no dos, sino tres pedazos de rico queso. Cuando el pastor se acercó a Vince y al fumador, Vince pensó que iba a tener un aliado en el esfuerzo que estaba haciendo para cambiar la mala costumbre de ese fumador pagano.

Usted debió haber visto la cara de Vince cuando el capellán lo tomó por el codo y se lo llevó un poco más allá, después de decir al fumador: "Disculpe, por favor". El capellán masculló: "Ya basta. Antes de decirle *algo* a *alguien* en cuanto al cigarrillo, rebaja quince kilogramos, y *punto*".

Vince descubrió pronto que su adicción a la comida era un problema que tenía también consecuencias desastrosas, y que eso probablemente era tan peligroso para su salud como el cigarrillo. Se quedó anonadado al enfrentarse directamente con su falta de disciplina. Lo que siempre había creído, y que pensaba que seguiría apoyando su autogratificación, no seguiría haciéndolo. El autoexamen fue mucho más duro de lo que él esperaba.

Pero hay otro Vince, al que quisiéramos llamar a su atención. Vince Lombardi, el antiguo entrenador de fútbol americano, sigue siendo muy conocido por su actitud rigurosa en cuanto al juego. Lombardi sabía que el dolor tenía una parte esencial en la preparación de sus jugadores para que ellos tuvieran éxito. Los preparaba para el dolor, para conocerlo y para manejarlo durante el juego. Entrenaba muy duro a sus jugadores. Sólo entonces descubrían éstos sus verdaderas limitaciones, no alguna supuesta limitación que creyeran tener a la primera indicación de dolor. Lombardi sabía que cuanto más ejercitara a sus jugadores, más capacitados estarían para ganar el juego.

¿Somos nosotros muy diferentes a esos jugadores? En nuestra peregrinación espiritual, cuanto más descubrimos qué somos, más podemos saber cuáles son nuestras verdaderas limitaciones. Por eso, podemos vivir en esa paradoja que nos permite encontrar libertad cuando descubrimos cuáles limitaciones tenemos.

Este mismo principio se aplica a la conducta veraz. Una vez que sepamos cuáles son nuestras limitaciones como personas, como seres espirituales, descubriremos que podremos manejar la verdad en cuanto a los demás de una manera más indulgente.

Pero éste no es un principio que se aplica sólo a las personas que profesan una fe religiosa en Cristo. Asumimos que usted, en su peregrinación espiritual, está tratando de saber quién es Dios. En este peregrinaje de saber quién es Dios, usted comenzará a descubrir quién es, o quién no es, usted.

¿No es éste, después de todo, uno de los puntos de la peregrinación: comprender quiénes somos y quiénes no somos? ¿Cómo podemos observar nuestra vida y mejorarla, hacerla más santa o más plena de acciones buenas y positivas, si no observamos bien y con mucha escrupulosidad la realidad de quiénes somos?

Una espiritualidad positiva puede proveer el contexto para hacerlo. No nos negará la verdad, sino que, por el contrario, nos ayudará a hacer el mejor uso de ella. Pero hay que advertir lo siguiente: es posible que usted no se sienta confortado en el proceso de descubrir la verdad acerca de usted mismo o en cuanto a los demás. Pero el resultado final le probará que *sí* entiende por lo menos una cosa importante que debe hacer la espiritualidad: influenciar nuestra vida cotidiana.

la respuesta a la verdad la res-
puesta a la verdad la respuesta a
la verdad la respuesta a la verdad
la resp   a   verdad la res
puesta a la verda   ad
la verdad la respuesta a la verdad

capítulo

5 ▶ la respuesta a la verdad

> La debilidad de un alma es proporcional al
> número de verdades que debe ignorar.
> —Eric Hoffer

Tenemos una reacción de amor/odio con la escena de la película *A Christmas Story* (Una historia de Navidad) en la que Ralphie, el héroe de una escuela primaria, se equivoca y dice unas malas palabras, por lo que termina con la boca lavada con jabón.

¿Por qué este sentimiento de amor/odio? Porque hemos vivido la misma experiencia en carne propia. Nosotros (Devlin y Steve) tenemos una tradición familiar donde nos lavaban la boca con jabón.

Generalmente, el "premio" de tener una barra de jabón (la escritora Jean Shepard no estaba bromeando en *A Christmas Story*) repentinamente en contacto con sus papilas gustativas era el resultado de decir malas palabras. Ese es el ejemplo clásico. Pero en nuestras familias, a uno podían lavarle la boca con jabón por decir una mentira.

Nos referimos una vez más a Steve, por una experiencia que tuvo en esta área. Hay un relato "casi legendario" en cuanto a una mentira que dijo una vez. ¡Sabe Dios en qué estaba pensando él a la tierna edad de seis años aquel sábado por la noche, hace tanto tiempo!

Steve compartía una habitación con dos hermanos mayores. En realidad, éstos estaban en la escuela secundaria cuando él apenas comenzaba la escuela primaria. Eso significaba que ellos tenían muchas cosas atractivas en sus gaveteros, que Steve no debía tocar.

Pero era sábado por la noche, había un baile en la escuela, y Steve estaba aburrido. Por eso, se dirigió a uno de los gaveteros de sus hermanos. Allí había un tubo de crema para el pelo, de colores brillantes, utilizado sólo una vez cuando Jim, el hermano de Steve, se puso para ir a un baile.

Este era un producto muy publicitado que Steve había visto en los comerciales de televisión. Si funcionaba para Jim, también funcionaría para él. Por lo tanto, le quitó la tapa al tubo y lo apretó un poco. Steve tomó la crema que salió, se la puso en ambas manos, se la untó en el cabello, y luego se volvió de nuevo al gavetero para utilizar el cepillo de cabello de Jim.

Fue entonces cuando se dio cuenta de que el tubo no había dejado de soltar crema. En realidad, era como si la crema que salía del tubo tuviera vida propia. No sabiendo que necesitaba equilibrar la presión dentro y fuera del tubo, Steve simplemente le puso de nuevo la tapa, mientras veía que la crema seguía saliendo.

Steve dio entonces, en los segundos que siguieron, una serie de formas al tubo. Finalmente, uno de esos esfuerzos logró parar la salida de crema. Pero a esas alturas, parte de ella se había extendido por el mantel que cubría la superficie del gavetero hasta la madera de los cantos.

Pero el trabajo de esa noche no había terminado todavía. Steve se dio vuelta y vio que sobre el gavetero de su hermano Don estaba una cámara. Hasta la bombilla de magnesio parecía intacta. ¿No sería fabuloso hacer el papel de fotógrafo un rato, lo mismo que Don, que era el fotógrafo del libro del año de su escuela secundaria?

¡Por supuesto que sí! De modo que agarró la cámara, esperando tener la oportunidad de ser un fotógrafo con una cámara verdadera. Con el lente y el flash dirigidos hacia él, Steve intentó tomar la foto, pero el lente se le disparó, la cámara fulguró, y el papá de Steve notó el destello desde el corredor de la casa.

—Steve, ¿qué estás haciendo?

—Oh, *nada*.

—Bueno, veamos qué es ese "*nada*".

La evidencia que había en la habitación debió haber sido suficiente para convencer a Steve de que abandonara cualquier pretensión de inocencia, pero el pánico se apoderó de él, ofuscándole la mente.

El padre de Steve levantó una ceja cuando dirigió la vista a la cámara.

—El flash de esta cámara acaba de dispararse, Steve. La bombilla todavía está caliente. ¿Sabes algo de esto?

—Bueno... este...

—¿Sí o no, Steve?

—Sí, un poco.

—Muy bien. Y en el gavetero de Jim hay un desastre, y tienes el pelo muy brillante y acicalado. ¿Tienes alguna idea de lo sucedido?

—No sé nada, papá.

—Pero yo sí creo que lo sabes.

—Bueno, está bien, pero yo no sé que fue lo que sucedió. El tubo se puso a soltar la crema, y yo sólo quería jugar un rato con la cámara de Don, y...

—Bien, Steve, tú sabes que no debes tocar las cosas de tus hermanos.

—Bueno, yo no estaba exactamente *tocándolas*, sólo *tomándolas prestadas*.

—¿Preguntaste si podías hacer eso?

—Bueno... —Fue entonces que Steve vio una vía de escape— creo que sí.

Esto le dio a Steve un par de horas más de respiro. Sus hermanos regresaron a casa, negaron (con vehemencia) haber hablado de ese permiso, y entonces comenzó el encuentro de un minuto de Steve con el jabón.

Hasta el día de hoy, Steve sigue creyendo que fue un acto de misericordia que su padre utilizara el jabón de baño en vez de la ducha. Pero pudo haberse evitado el jabón si sólo hubiera enfrentado la verdad desde el comienzo y dado una *respuesta* adecuada, en vez de tener una *reacción* temerosa. En cualquier caso, aquel hecho ayudó a Steve a tenerle gusto a la verdad.

Respuesta contra reacción

Cuando usted habla de la verdad, ¿de qué está hablando? ¿Se concentra en la naturaleza de la verdad? ¿Saca a colación ejemplos personales de dolor o de deslealtad por decir la verdad o por escuchar la verdad? ¿Fabrica situaciones definidas por circunstancias excepcionales para no tener la responsabilidad de ser veraz en la situación personal en que se encuentra?

Estas preguntas tienen un factor común: desvían la discusión sobre la verdad. Pero buscamos afanosamente esas digresiones, porque nos alejan de la discusión y nos permiten especular en cómo debiera responder a la verdad otra persona en otra situación. Además, podemos eludir astutamente el tener que enfrentar nuestra respuesta a la verdad.

Muchas veces, lo que es más importante para nosotros en cuanto a la verdad no es lidiar con su peso tan real, sino defender su importancia. Hablar de la verdad es más fácil que decir la verdad. Asimismo, decir la verdad puede ser más fácil que escucharla. Por eso, como respuesta a la verdad, debemos tener en mente lo siguiente: *Decir la verdad es sólo parte de la ecuación. Escuchar la verdad y responder a ella de una manera sana y constructiva es, al menos, igualmente importante.*

No pase por alto, por favor, la importancia de la *respuesta*. Si simplemente *reaccionamos* a la verdad, es probable que sólo nos formemos un juicio en cuanto a la verdad, que contribuirá a dejarla de lado. Pero si *respondemos* responsablemente a la verdad, evaluaremos la información y tomaremos las acciones apropiadas.

Los expertos en artes marciales cuentan algunas historias para enseñar la diferencia que hay entre una reacción y una respuesta. Una de estas historias existe en varios sistemas de entrenamiento en artes marciales[1].

Había una vez un instructor que quería evaluar el progreso de sus estudiantes y diseñó una prueba sencilla para hacer la evaluación: colocó sobre el borde de una puerta, ligeramente abierta, una valiosa taza de té de porcelana. Cuando cada uno de los estudiantes entrara a la habitación, la taza se "encontraría" con el piso.

El primer estudiante era un principiante. Estaba bien entrenado para descalabrar a cualquiera, pero no tenía suficiente control. Por eso, cuando pasó por la puerta, su instructor vio cuando la taza le cayó encima. El estudiante agarró rápidamente la taza y la llevó a una esquina de la habitación antes de que le causara a él o a otra persona más daño. Fue una reacción de autopreservación, pero nada más.

Ésta es la misma clase de reacción que tenemos cuando nos encontramos con la verdad y la percibimos como una amenaza. La reacción que tenemos, por lo general cargada de emoción, es quitar o alejarnos de la cosa que pudiera causarnos más daño. Nos deshacemos del "encuentro con la verdad" a cambio de la seguridad que percibimos.

El segundo estudiante estaba más avanzado. Cuando entró notó cuando la taza caía, y la agarró. Al mirar hacia arriba vio lo que era, y sonrió. Luego se la ofreció a sus instructores. "Esto se ve muy valioso. Ustedes deben conservarla", dijo.

Él reaccionó bien, y respondió a la realidad de lo que había visto.

De manera similar, un encuentro con la verdad pudiera parecer una amenaza al principio. Pero, si en el encuentro usted agarra lo que puede, conservará la lección y aprenderá de ella. Entonces usted podrá desarrollar una respuesta aún mejor, basado en lo que agarró.

Pero la historia no termina aquí. Había también otro estudiante, que estaba casi listo para convertirse en instructor. El estudiante estaba preparado para la prueba. Había aprendido, por experiencia, a estar atento a las situaciones que pudieran enseñarle algo. Mientras se acercaba a la puerta, notó que la puerta estaba ligeramente entreabierta.

Por lo tanto, se paró en seco y examinó la situación. Vio la taza de porce-

---

[1]Esta es una adaptación de un relato ofrecido en el currículo de capacitación de la *Universal Kempo Karate Schools Association*. Muchas gracias al Jefe instructor Garland Johnson, un excelente narrador de historias por derecho propio.

lana que estaba en la parte superior de la puerta, y reconoció que era una de las tazas favoritas de su instructor. De modo que, en vez de correr el riesgo de romper la taza, este estudiante se dirigió a otra entrada. Se acercó a la puerta desde adentro y quitó cuidadosamente la taza de donde estaba; se volvió hacia su instructor, y le dijo: "¿Quiere que le prepare un té?".

Esto es como una respuesta madura a la verdad. La experiencia puede enseñarnos a encontrar el tesoro —la verdad— a cada paso. Puede también probar que la verdad debe manejarse con gran cuidado. En otras palabras, cuanto más conozca usted el valor de la verdad —y cuanto más se encuentre con ella— más podrá servirle la verdad a usted y a los que lo rodean.

Respuestas a los encuentros con la verdad: la ventisca del ello o id

He aquí una clave para acabar con el entumecimiento de una lepra emocional. Desarrolle una respuesta saludable a la verdad, a pesar de lo dolorosa que pueda ser. Recuerde que una lógica tortuosa puede llevarnos a creer que la ausencia de todo dolor, incluso el dolor de la verdad, es saludable.

Comencemos diciendo lo siguiente: creemos decididamente que la verdad no evoca necesariamente la misma reacción en todas las personas. En realidad, es probable que la verdad no evocará la misma reacción de la misma persona si el momento, las circunstancias y el estatus emocional de esa persona cambian de una situación a otra. Por lo tanto, hay en realidad dos respuestas a la verdad en toda transacción relacional.

La primera es la respuesta emocional y natural. En términos freudianos, usted tal vez quiera examinar la respuesta del "id" o el "ello"*. En términos no freudianos, es un reflejo, un reflejo de emoción incontrolada, que básicamente es egocéntrica. La segunda pudiera llamarse la "cerebral" o —si quiere que lo digamos de nuevo con términos freudianos— la repuesta del "super ego". Esta respuesta es más reflexiva y deliberada.

Veamos la primera respuesta, el "id", por un momento. Se parece mucho a la reacción del primer estudiante de artes marciales, menos experimentado. Examinemos brevemente lo que son las respuestas del "id", lo que pudiera motivarlas, y cómo tratarlas.

Con frecuencia, lo primero que una persona siente cuando se ve confrontada con la verdad de otra es el *shock*. Muchas veces, después del *shock* viene la ira. Cuando escuchamos de alguien una verdad sobre nosotros mismos, es posible que queramos atacar, devolver el golpe por el dolor que sen-

---

*Nota del editor: *Ello*, *yo* y *super ego* son instancias psíquicas propuestas por Freud como los tres elementos que forman la conciencia del hombre. Para que todo esté bien, debe haber un equilibrio entre los tres. El *ello* es el subconsciente, los instintos, y en esta parte no hay restricciones. El *super ego* son las normas y los valores culturales. El ego viene a establecer el equilibrio, pues es la conciencia y el contacto con la realidad.

timos. La intensidad de la ira puede ir del enojo leve hasta la furia. Al igual que el *shock*, esta ira puede pasar rápidamente, o puede prolongarse.

El valor de desahogarse

A menos que se trate de un caso extremo, una de las mejores maneras de lidiar con el *shock* de otra persona es dejar que transcurra algún tiempo. La ira, por otra parte, puede ser muy intensa e incluso alarmante, y puede requerir una solución inmediata. Por consiguiente, a menos que usted crea que una reacción así sea proclive a la violencia, o que pudiera hacerle algún daño a usted o a la otra persona, el dar rienda suelta a su ira puede ser de ayuda a la persona. Pero hay que tener en cuenta lo siguiente: una fricción interna entre la realidad de la otra persona y lo que usted le ha dicho, conduce a la ira. La fricción genera calor, pero cuando se acumula mucho calor y no hay ningún respiradero para que ese calor escape, el resultado puede ser peor que el calor del momento. (De esto hablaremos un poco más adelante).

Si usted es la parte que escucha durante el "desahogo de la ira" de alguien, es muy importante que usted no se permita responder de la misma manera. Deje que la persona dé rienda suelta a sus emociones, reconociendo que esas emociones están saliendo con menor procesamiento de lo que es normal. Es algo crudo y mezclado con muchas otras cosas. La persona puede decir cosas acerca de usted que pueden ser ofensivas, vergonzosas y despreciables. Pero recuerde esto: *usted estará diciendo la verdad sólo después de que sienta que ha captado la verdad acerca de sus debilidades.*

Acepte lo que pueda y deje lo demás sin respuesta. Esté preparado para perdonar lo que se diga y siga adelante en el proceso de restauración.

Como ya hemos dicho, cuando alguien tiene la mente y el corazón llenos de ira, eso crea calor. Y si no hay un lugar y un tiempo para que esa energía sea liberada, queda apresada y puede comenzar un colapso emocional. La ira, ya sea dirigida por una persona contra sí misma o contra otra, sin la capacidad para darle salida, puede crear depresión. La depresión tiene formas leves y también severas. Pero el punto es que el permitir la expresión de la ira (o gritos no expresados, o acciones en situaciones más severas) puede ser inquietante y en ocasiones perturbador. No obstante, es una parte saludable del proceso que usted ha iniciado.

El apóstol Pablo, uno de los escritores del Nuevo Testamento, dice que cabe esperar la ira como una posible respuesta a la verdad, y él entendía el valor de dominar la ira. Considere este consejo que dio a los antiguos cristianos de Éfeso:

> Por lo tanto, dejando la mentira, hable cada uno a su prójimo con la verdad, porque todos somos miembros de un mismo

cuerpo. "Si se enojan, no pequen". No dejen que el sol se ponga estando aún enojados, ni den cabida al diablo (Efesios 4:25-27, NVI).

Cuando una persona que ha oído una "verdad desagradable" está saliendo de un *shock*, puede simplemente negar que algo ha sucedido. Dirá que "está bien, gracias". No hay ninguna demostración de emoción; parecería que lo ocurrido no ha tenido absolutamente ningún efecto sobre ella.

Pero recuerde que las apariencias pueden ser engañosas. Lo que pudo realmente suceder es que el *shock* haya tomado una forma diferente. La información es demasiado abrumadora para que pueda manejarla. Como respuesta, la mente sella todo herméticamente en un compartimento mental, evitando que la verdad sea reconocida y mucho menos encarada.

En la gran mayoría de los casos, la experiencia emocional de las personas que acostumbran decir y escuchar la verdad en confrontaciones personales se encuentra en las categorías de *shock* y de ira, por lo general en formas más suaves. Experimentar estas emociones puede ser doloroso, tanto para uno mismo como para la otra persona. En ocasiones, estas emociones pueden ser inquietantes. Sin embargo, no manifieste después que es un afirmador o un oidor de la verdad.

Si usted está diciendo la verdad después de que ha puesto en práctica el imperio de la verdad, de lo que usted estará siendo testigo realmente será del renacimiento de un leproso emocional. Verá revivir nervios que aparentemente estaban muertos o adormecidos desde hacía mucho tiempo. Y no obstante la considerable emoción del momento, usted estará realmente presenciando una especie de milagro.

Si usted es el oidor en esta situación, recuerde que es el principal beneficiado del milagro, no una víctima de la crueldad.

Y si anhela que esta clase de milagro se produzca en usted y en los que lo rodean, no es el único que lo anhela. Decir y escuchar la verdad es crucial para la integridad cotidiana. Las tres cuartas partes de algunas personas encuestadas dijeron que para ellas era muy deseable que los conocieran como personas íntegras[2]. Hay también otros, aparte de usted, para quienes la verdad y la integridad son importantes.

Respuestas a los encuentros con la verdad: pensar cuidadosamente

Tras la respuesta emocional que se produce después de hablar la verdad, viene (así lo esperamos) una respuesta consciente. Dicho con palabras sen-

---

[2]The Barna Research Group, *Omnipoll* 1-91, Ventura, California. Enero, 1991.

cillas, hay fundamentalmente tres respuestas conscientes a la verdad. Son, brevemente, las siguientes:

1. *Te escucho y rechazo la verdad de lo que dices.*
2. *Te escucho, creo la verdad de lo que dices, pero me niego a tomar una acción en cuanto a ello.*
3. *Te escucho, creo la verdad de lo que dices y voy a ponerlo en práctica en mi vida.*

Si usted es alguien que habla la verdad, experimentará cada una de estas respuestas en algún momento. Y deberá estar preparado emocionalmente para lidiar con cada una de ellas, aunque le resulte difícil aceptarlo.

Primeramente, habrá oportunidades cuando confrontará a las personas con la verdad, y ellas simplemente rechazarán lo que usted les está diciendo. Como pastores de jóvenes que somos, ambos hemos tenido reuniones con padres de jóvenes en nuestras respectivas iglesias —no siempre placenteras— para decirles la verdad.

Un sábado por la mañana, la madre de una joven —a quien llamaremos la señora Flores— le pidió a Steve que viniera del seminario —un recorrido de cuarenta y cinco minutos— al salón de jóvenes de la iglesia. Cuando llegó, fue recibido con un mar de lágrimas. Se calmó después de algunos minutos y luego comenzó la conversación diciendo:

—Me he enterado de que Sara está teniendo relaciones sexuales.

Sara tenía entonces catorce años y estaba en el octavo grado de la escuela secundaria. Steve quedó tan impactado al escuchar esto, como debió haberle ocurrido a la madre de Sara. Experimentó el *shock* y la ira, las respuestas del *"ello"* o *"id"* descritas antes. Luego hablaron de cómo eran las relaciones en la familia y de lo que pudo haber llevado a Sara a esa clase de conducta.

—Steve, no sé qué pensar de todo esto. Todo lo que puedo decirte es que me alegra haberle dicho hace un año que tomara píldoras anticonceptivas.

—Disculpe, ¿quiere repetir eso?

—Le dije que tomara la píldora... Bueno, usted sabe lo horriblemente embarazoso que sería para Sara que acabara embarazada, por el cargo de mi esposo en su empresa y las responsabilidades que tenemos en la iglesia.

—Señora Flores, ¿pensó usted alguna vez que al decirle a Sara, a la edad de trece años, que tomara píldoras anticonceptivas le estaba enviando un mensaje?

—¿Cómo qué?

—Como que no confiaba en que ella iba a esperar hasta el matrimonio para tener relaciones sexuales, quizás. O tal vez, que le estaba dando permiso para tenerlas ya.

—Oh, no, de *ninguna* manera. Debe haber pasado algo más.

—¿Habló usted de esto alguna vez con Sara?

—No, en realidad no... pero no se debe a que está tomando la píldora.

Cuando una persona no quiere aceptar la verdad, como descubrió Steve, puede darle vueltas a lo que le está diciendo. Usted puede seguir diciéndole una y otra vez la verdad, pero fundamentalmente no podrá obligar a nadie a aceptar lo que usted cree que es la verdad. Pero debemos estar muy abiertos al hecho de que lo que sincera y compasivamente creemos que es la verdad pudiera ser equivocado, erróneo o simplemente no bien comprendido.

Lo segundo, y tal vez la situación más difícil de manejar, es cuando usted confronta a las personas con la verdad y éstas aceptan lo que les dice, pero esencialmente no les importa. Saben que usted tiene razón, pero tratan su interés, su aporte y su compasión como basura de la calle. La relación con estas personas, que con frecuencia son beligerantes y desafiantes, puede ser muy difícil todo el tiempo.

Devlin enfrentó a una persona así hace algunos años. Se enteró de que un amigo suyo estaba teniendo problemas en su trabajo, de modo que sacó tiempo de sus propias ocupaciones para visitar a su amigo en el lugar donde trabajaba.

El problema se veía a las claras: Jorge, el amigo de Devlin, pasaba tanto tiempo ocupado en conversaciones de oficina que no estaba cumpliendo con su trabajo. Jorge tenía un cargo que exigía una cierta generación de reportes diarios. Pero pasaba tanto tiempo tomando agua, tantos momentos visitando las oficinas de otros empleados, e invirtiendo tanta energía pensando en serrucharles el piso a otros, que los reportes no se estaban haciendo.

Devlin actuó con cautela ese día. Le dijo:

—Entonces, Jorge, ¿cuándo es que tienes que tener listos tus reportes diarios para el supervisor?

—Supuestamente a las tres de la tarde. Pero nunca cumplo con la hora.

—¿Son importantes esos reportes?

—Oh, sí. Se convierten en resúmenes semanales y luego en una publicación trimestral.

—Pero no son tan importantes para ti como el andar conversando por la oficina, ¿no?

—No, claro que sí lo son. Yo cumplo con mis obligaciones, pero pienso que eso me hará más bien que estar sólo manejando papeles.

—¿Estás seguro? A mí me parece que tú estás en un cargo muy serio, y que la compañía te necesita por tu capacidad de análisis y de preparar informes, no para que estés contando los últimos chistes en el bebedero de agua. Me llamaste para ver si podía darte algún consejo en el asunto, y pienso que es éste: debes dedicar más tiempo a los reportes y menos al chismorreo.

Jorge dio un suspiro.

—¡Ah, quizás tengas razón! Pero ya no puedo cambiar ahora. Que sea lo que sea. Pero, gracias de todas maneras.

Jorge fue despedido una semana más tarde. Oyó la verdad, creyó la verdad, pero no tuvo la voluntad para cambiar de conducta.

Pero hay una tercera categoría de respuesta a la verdad. En esta respuesta, usted verá la experiencia de aceptación de la verdad que ha estado esperando desde el comienzo: alguien lo escucha y está dispuesto a poner en práctica la verdad que le está diciendo. Esta persona se ayuda a sí misma a volverse más honesta, a comportarse de una manera más apropiada y a relacionarse mejor con los demás.

Una amiga nuestra llamada Julia tenía diecisiete años de edad cuando su madre murió de cáncer. La muerte nunca llega en el momento más adecuado, pero la pérdida se produjo en el momento menos oportuno, ya que Julia estaba entonces terminando la escuela secundaria y escogiendo una universidad.

Julia tenía tres hermanos menores. Se había convertido en una madre para ellos y siguió desempeñando ese papel después de graduarse de la secundaria. Decidió luego hacer el curso de dos años de un instituto antes de ingresar a la universidad.

Casi tres años después de la muerte de su esposa, el padre de Julia se enamoró de una joven viuda de la ciudad. Tenían una relación decente, pero el resentimiento de Julia hacia la nueva relación amorosa de su padre era casi palpable. De modo que fue a visitar a su tía materna para hablarle de lo que sentía.

—Tía Berta, ¡no puedo creer que papá esté haciendo esto!

—Se nota. Pero, Julia, ¿es que acaso esperabas que tu padre llegara a la edad de jubilarse para buscar a alguien con quien casarse?

—¡No puedo creer que esto te deje tan tranquila! ¡Mamá era tu hermana, después de todo!

—Lo sé. Y soy la primera en decir que me dolió al comienzo ver a tu padre con Rita. Pero yo sé que él sigue extrañando a tu mamá. Y también sé que él quiere ser de nuevo un esposo y tener en casa una madre para tu hermana y tus hermanos.

—¡Pero me tiene a mí!

—Sólo hasta el próximo año, porque después te marcharás de casa para seguir tus estudios. Déjame decirte, Julia, lo que creo, y quiero que pienses en ello. Creo que no debemos permitir que nadie más tome el lugar de tu madre en nuestro corazón, pero también creo que debemos aceptar a Rita. De lo contrario, estaremos hiriendo innecesariamente a algunas personas que amamos. ¿Qué piensas?

Le tomó algún tiempo, pero Julia enfrentó la verdad en cuanto a su situación y a la necesidad de dejar que su padre viviera su vida. Cuando lo hizo, ella también pudo vivir la de ella. Ella y Rita han sido buenas amigas desde hace ya unos veinticinco años.

Reflexionando en nuestras respuestas

¿Hay algo que usted le quitaría a esta discusión en cuanto a las respuestas a la verdad? Existen dos razones para hablar de cómo la gente responde a la verdad.

En primer lugar, las personas que desarrollan un renovado entusiasmo por la verdad muchas veces tienen el concepto equivocado de que una vez que comienzan a hablar la verdad las cosas se pondrán mejor, todo comenzará a salir bien y la totalidad del proceso se realizará sin complicaciones. La verdad es que las cosas se volverán más *propicias*. Pero puede haber —y habrá— muchos baches en el camino. Una perspectiva útil es ver de manera neutral nuestro ejercicio de la verdad. La manera como la otra persona responda es lo que creará las dificultades y los sobresaltos que hacen que este proceso se zarandee.

La segunda lección es que, como personas veraces, es importante que sepamos y comprendamos estas respuestas, porque tendremos muchas oportunidades para experimentarlas. Incluso, si usted comienza a ser veraz en lo que dice, si está bien motivado, y si obra de acuerdo con el imperio de la verdad, se encontrará con personas que le dirán la verdad en cuanto a usted y lo harán con un afán de venganza y castigo. Pero si usted conoce las posibles respuestas a la verdad, tendrá mayor poder para ejercer autodisciplina, indulgencia y amor en la respuesta que dé.

Finalmente, la realidad nunca es tan perfecta. Nos sorprendería encontrar una situación que se ajustara exactamente a los paradigmas que hemos discutido. Por el contrario, las situaciones que usted encontrará se mezclarán en una infinidad de formas. Pero si usted es capaz de interpretar bien la situación de tener que decir la verdad y reducirla a lo fundamental, se hará evidente cuál de las tres respuestas es la que está presente en el momento.

capítulo 6 ▶ **la verdad en la familia**

El mayor homenaje que podemos rendir a la verdad es utilizarla.
—Ralph Waldo Emerson

Hay una leyenda del viejo oeste sobre unos ladrones que encontraron una caja fuerte que se había caído de la parte posterior de un carruaje del ejército.

La caja contenía la paga de dos meses de los soldados de cuatro fuertes. Era una fortuna para ser gastada, si los ladrones podían tener acceso a ella. Pero estos bandidos específicos no eran muy sofisticados. Sólo conocían la técnica de "manos arriba" para asaltar las diligencias y de vez en cuando robar un banco. Nunca habían tenido que abrir una caja fuerte.

Primeramente trataron de abrir un hueco, dándole un disparo a la caja. Apuntaron sus pistolas y uno o dos rifles a un mismo lugar del lado de la caja. Unas cuantas decenas de balas apenas rayaron la superficie de la caja. Por eso, utilizaron barras de hierro y palos para forzar la cerradura de combinación. Pero este esfuerzo le hizo apenas un rasguño a la cerradura, nada más.

Entonces decidieron probar explosivos. Pusieron tres cartuchos de dinamita bajo la caja y les prendieron fuego. Los cartuchos hicieron un hueco bien grande en el suelo que estaba bajo la caja, pero casi ni movieron —ni mucho menos dañaron— la caja.

Los desventurados ladrones se estaban frustrando, por lo que decidieron poner de nuevo la caja en un carretón. Luego la llevaron al borde de un despeñadero de setenta metros de altura. Era seguro que el golpe que daría contra las rocas soltaría algo, ¿verdad?

Miraban esperanzados mientras la caja caía por el precipicio, dando un par de rebotes espectaculares contra las paredes del despeñadero. Hubo un gran estruendo al caer la caja en el lecho del cañón. Los ladrones, entonces, bajaron por un camino zigzagueante e inclinado que los conduciría al lugar donde se había producido la caída. Cuando llegaron, la caja estaba llena de polvo, pero casi intacta.

Finalmente, decidieron informar al ejército dónde se encontraba la caja. Por lo menos, podrían cobrar una recompensa. Contactaron, por lo tanto, al fuerte más cercano y llevaron a los soldados al lugar, después de decirles que habían encontrado la caja en la hondonada mientras se dedicaban a cazar conejos.

Los ladrones vieron, con mayor frustración aun, que un cabo casi imberbe se sacó un pedazo de papel del bolsillo y le dio unas vueltas, unas veces hacia adelante y otras hacia atrás, a los números de la combinación. Luego, con un giro de la manija, el cabo abrió la caja. Allí estaba el oro para respaldar la paga de miles de soldados.

Justo es reconocer que por la mente de los ladrones jamás cruzó la idea de dominar al personal del ejército. Siendo la proporción de veinte soldados a uno, la idea no parecía buena.

Por el contrario, esperaron hasta que el capitán que estaba a cargo de la misión tomara dos lingotes de la caja. Él, incluso, hizo un saludo militar al entregar los lingotes a uno de los ladrones. Luego los soldados pusieron la caja en el carruaje del ejército, y ladrones y soldados los vieron desaparecer en medio de una nube de polvo.

Ramiro, el líder de los forajidos, hizo sonar fuertemente entre sí los lingotes, y luego dijo, muy serio: "¡Ese muchacho... *abrió* tan fácilmente la caja! ¡Después de todo lo que nosotros tuvimos que hacer, para nada... pensar que fue ese imberbe, con cara de niño, quien la abrió!".

Jacinto, su hermano, se acercó a Ramiro y dijo con indiferencia: "De haber sabido la combinación, nos habríamos ahorrado mucho tiempo".

Este relato tiene una moraleja: si usted quiere llegar hasta donde está el oro, necesita tener la combinación de cerradura correcta. De igual manera, si quiere llegar al tesoro de la verdad, necesita utilizar la combinación de acción correcta.

Es por esto que estamos ahora dirigiendo nuestra discusión sobre la verdad a maneras de cómo "llegar al oro" de la verdad en la familia, en el trabajo y en nuestra sociedad. No estaremos hablando de la teoría de la verdad, sino de cómo utilizar la verdad.

Hasta este punto hemos expuesto los argumentos en favor de la importancia de la verdad, de una manera muy general, utilizando muchas ilustraciones. Pero ahora hemos llegado al punto en el que queremos tomar todo este conocimiento abstracto y comenzar a aplicarlo de maneras muy específicas.

Y donde mejor podemos empezar, hasta donde creemos, es en el hogar.

La dicha de un hogar donde se practica la verdad

Para empezar, queremos ver el papel de la verdad en la familia. ¿Por qué razón? Por lo que dijo el filósofo danés Sören Kierkegaard, quien señaló que el estudio y la práctica de la verdad requieren un cierto grado de vulnerabilidad:

> Para poder nadar, uno tiene que quitarse la ropa, y para aspirar a la verdad tenemos que desnudarnos en un sentido mucho más interno, despojándonos de toda nuestra ropa interior, pensamientos, concepciones, egoísmo, etc. para estar suficientemente desnudos[1].

En ningún otro lugar somos tan vulnerables —en cuanto a relaciones que demanden confianza— como en la familia. La misma clase de confort que produce el andar por la casa en ropa no apropiada para el ojo público, puede ser la atmósfera perfecta para estimular el decir y escuchar la verdad, y el beneficio que ambas cosas producen.

Usted podría decir con toda razón que la verdad ha desaparecido de muchos ambientes de nuestra sociedad. Creemos que esto es simplemente el resultado del acto de desaparición de la misma, como por arte de magia, en muchísimas familias. Nos inclinamos a estar de acuerdo con los que piensan que la familia es el componente básico de nuestra sociedad. Fundamentalmente creemos que la familia es la unidad que capacita para formar el carácter de una manera metódica e intencional, o la que deja que la formación del carácter del niño esté sujeto a los caprichos de la cultura o filosofía de la época.

El vínculo del matrimonio

La familia puede ser definida de muchas maneras y ha sido examinada en los diferentes roles de su desarrollo. A riesgo de actuar dogmáticamente, comenzaremos nuestra discusión de la verdad en la familia dentro del vínculo del matrimonio.

Definimos el matrimonio como la dedicación mutua entre un hombre y

---

[1]Alexander Dru, ed. y traductor., *The Journals of Sören Kierkegaard: A Selection*, no. 1395 (London: Oxford University Press, 1951), pp. 542, 543.

una mujer. Tradicionalmente, estas personas hacen votos mutuos, pero desde la revolución social y experimentación de la década de los años 60, estos votos han sido muy debatidos, ridiculizados y, en muchos casos, rechazados.

Creemos que es crucial que una pareja se prometa, aun antes de que pronuncien sus votos, que en su relación serán rigurosamente honestos y que pondrán en práctica el principio que ya hemos discutido extensamente: el imperio de la verdad. Tanto el hombre como la mujer tienen que ser francos en cuanto a sus fortalezas y debilidades, y tratar las fortalezas y debilidades del cónyuge con la misma sinceridad y el mismo tierno cuidado con que cada uno se evalúa personalmente a sí mismo.

Esto, por supuesto, no es nada nuevo en los matrimonios que tienen éxito. Roy y Nell, los abuelos maternos de Steve, disfrutaron de sesenta años de matrimonio manteniendo vivo ese principio en su relación. Este principio nunca estuvo ausente en sus duros años como granjeros, durante la "Gran depresión"*, en el inicio de muchas formas de ganarse la vida y en los mejores años de su vida.

También los acompañó en una delicada relación que ha destruido a otras familias: Roy era un alcohólico. Durante años, fue un bebedor que podía funcionar más o menos normalmente y, en realidad, tenía éxito en sus trabajos y era respetado como un gran trabajador. Pero después de treinta años de matrimonio, siendo ya adultos todos sus hijos, y tras haberse mudado a una casita en las afueras de la ciudad donde esperaban jubilarse, Roy comenzó a dejar de comunicarse. Cuando se emborrachaba adoptaba actitudes ilógicas. Además, se estaba volviendo una mala persona.

En esos días, una esposa tenía que ser muy valiente para hablarle claro a su esposo. Pero Nell comenzó su confrontación diciendo: "Roy, tú sabes que nos prometimos ser sinceros el uno al otro. Llegó la hora de que hablemos acerca de tu forma de beber".

Roy no pudo negar el compromiso mutuo que habían hecho de ser honestos el uno con el otro. De hecho, tomó en el acto conciencia de lo *deshonesto* que había sido en su relación al tratar de ocultar durante tantos años su problema con la bebida. Comenzó, entonces, ese día, su largo viaje de vuelta a la abstinencia, una acción que salvó, sin duda, su matrimonio y también su vida.

¿No es lógico, entonces, el compromiso de ser francos y honestos en el matrimonio? Lamentablemente, este compromiso no es evidente o no es practicado en muchas relaciones. En vez de tomarse el tiempo para hablar de las áreas de fricción o conflicto, son muchas las personas que prefieren una paz de poca duración a una salud de larga duración. Eso, como ya hemos

---

*Nota del editor: El mayor y más grave colapso económico en la historia del mundo industrial moderno, de 1929 hasta inicios de 1940, y que dio inicio en los Estados Unidos de América donde una cuarta parte de la fuerza laboral llegó a estar desempleada.

dicho, lleva a una insensibilización de nuestros nervios emocionales, que es el comienzo de lo que hemos llamado "lepra emocional".

Una vez que un matrimonio es afectado por la lepra emocional, es probable que sucedan dos cosas. En primer lugar, probablemente hará falta una gran sacudida para hacer arrancar de nuevo el sistema emocional. Se lograrán pequeños éxitos, aunque dolorosos, que serán absorbidos y procesados, y la pareja seguirá adelante. Pero si hace falta una sacudida muy grande para revivir los sentimientos, el lamentable resultado será un dolor intenso y agravado.

Nuestro amigo Alberto tuvo esa llamada de alerta después de quince años de matrimonio. Le dedicaba demasiado tiempo a su trabajo, y su esposa Susana sentía que ella estaba soportando demasiada carga del hogar. Un miércoles por la noche, después de un largo día de trabajo, Alberto llegó a la casa y encontró que Susana estaba haciendo las maletas.

—No lo soporto más —dijo Susana, sin mirar de frente a Alberto mientras empacaba—. Tú nunca estás aquí. Soy yo quien tiene que llevar a los hijos a los juegos, estamos atrasados en los pagos de las facturas, necesitas un aumento de salario, y no creo que todo ese tiempo que le dedicas a la compañía te produzca bastante para que podamos pagar las deudas. Ya no aguanto más. ¡Se acabó!

Aquello golpeó a Alberto con una fuerza aplastante. Sabía que Susana tenía razón y también que si dejaba que se marchara sin reconocer sus sentimientos, no regresaría.

—Espera un momento, Susana. ¿Puedes aplazar tu decisión por una semana? Dime ahora mismo cuáles son las cosas que quieres que cambie. Si no cumplo en los próximos siete días, te compraré un boleto para que te marches a donde quieras irte".

La oferta le permitió ver a Susana que Alberto la estaba tomando en serio, lo cual fue para ella una sorpresa agradable. Finalmente, miró directamente a los ojos de Alberto y le dijo:

—De acuerdo. Primero, Andrés tiene un juego el viernes a las cuatro de la tarde. Acompáñalo. Segundo, mañana por la mañana, antes de que te marches al trabajo, quiero que converses con los tres niños. Simplemente, reconoce que existen antes de que se marchen a la escuela, ¿de acuerdo? Y tercero, ¿qué tal si sales de tu trabajo a las 5 de la tarde todos los días de la próxima semana, sólo para demostrarme que eres capaz de hacerlo?

La firmeza de las palabras de Susana dejaron a Alberto sin argumentos. Tendría que posponer o cambiar las horas de algunos compromisos. Tenía ya bien claro que Susana había llegado al límite de su paciencia. Susana comenzó entonces a desempacar su maleta.

Alberto nos contó luego que después de este encuentro se fue directamente al baño, donde primero estuvo vomitando, y luego se puso a llorar. Aquello había sido un *shock* para su sistema. En esa confrontación, había sido atacado en su punto más vulnerable. Pero fue el comienzo de su recuperación de la lepra emocional en su matrimonio.

Lo segundo que normalmente sucede cuando un matrimonio es visitado por la lepra emocional, es que uno o ambos cónyuges comienzan a recibir heridas emocionales. Estas heridas pueden ser pequeñas y muchas veces no son intencionales. Pero, debido a la insensibilidad que hay por la ausencia de sentimientos en la pareja, no son capaces de reconocer este pequeño daño. No se ocupan de las heridas, no las limpian, no hacen nada por curarlas. Entonces, la herida abierta comienza a mostrar signos de infección, y la infección crece y comienza a afectar la salud emocional de ambos, pero siguen todavía sin percatarse de la misma.

Es a esto a lo que muchos se refieren cuando hablan del "bagaje" en una relación. El bagaje son las cicatrices e infecciones emocionales que hacen que alguien actúe o reaccione de cierta manera no intencional, pero sí casi inevitable.

Lucrecia había estado excedida de peso, aunque no demasiado, la mayor parte de su vida de casada con Jorge. Éste se sentía un poco molesto de vez en cuando por el peso de Lucrecia, pero no tanto como para que eso se convirtiera en un problema. Lucrecia era mucho más sensible al problema de su peso que Jorge, pero esto no parecía un tema que valía la pena destacar en su matrimonio. De modo que Lucrecia y Jorge parecían haber llegado al acuerdo silencioso de que el peso de Lucrecia nunca sería un tema de conversación.

No queremos decir que algo subliminal estaba sucediendo, pero surgió un fenómeno raro en la casa después de que se logró ese acuerdo tácito. Jorge comenzó a cantar una canción llamada "La super gorda", mientras deambulaba por la casa. Hay una parte que dice: "Ella es muy gorda para mí".

Durante meses, Lucrecia no estuvo consciente del golpe que recibía cada vez que escuchaba salir esas palabras de la boca de Jorge. Pero, que quede claro, Jorge no las decía con el propósito de herir a Lucrecia. Pensaba que sólo estaba cantando una vieja canción. Lucrecia también pensaba lo mismo al principio, pero con el tiempo sus sentimientos pasaron de una leve irritación a una gran furia cuando escuchaba a Jorge cantando el estribillo. Cada vez que escuchaba las palabras, se acordaba de su problema de peso. Se sentía más impotente que nunca para hacer algo en cuanto a su peso y comenzó a preguntarse si Jorge tenía una intención con lo que cantaba.

Por fin, Lucrecia no aguantó más. Mientras Jorge cambiaba un día las molduras de la puerta del dormitorio, cantando como siempre la canción mientras trabajaba, Lucrecia le dijo irritada:

—¿Es que no te sabes otra canción?

—¿Qué dices? Claro que sí, pero, ¿qué tiene ésta de malo?

—Piensa en lo que estás cantando. *¿Es que me estás tratando de decir algo?*

—¿Decirte *qué*?

—Que soy muy gorda para ti. Esto es algo de lo que me has hablado, ¿recuerdas?

Jorge se quedó sin habla.

—De acuerdo, mi amor. Entonces, no la cantaré más.

—Eso no es suficiente. Tenemos que hablar de esto. En verdad, me siento muy mal por mi peso y creo que eso a ti te molesta también. Tengo que saber si necesitamos hacer algo al respecto.

Entonces se pusieron a hablar. Se dijeron la verdad el uno al otro. Lucrecia le dijo a Jorge que a ella le preocupaba todo el tiempo la idea de que ya no siguiera siendo atractiva para él. Jorge le dijo a Lucrecia que a él le preocupaba que ella no se sintiera bien consigo misma y que sentía que debía tener más cuidado de ahora en adelante para asegurarse de que no la estaba ofendiendo con algún comentario fuera de lugar.

¿Lo bueno de la situación? Usted probablemente espera que le digamos que Lucrecia se sometió a una dieta catabólica, que perdió diez kilogramos y que desde entonces vivieron felices para siempre. Pero no fue así. Lucrecia y Jorge decidieron de común acuerdo que el peso de ella no era ninguna amenaza para su salud. Él también le aseguró que sus kilogramos de más no eran una amenaza a su deseo sexual por ella. Se ocuparon, entonces, de un asunto que les estaba causando unas heridas menores antes de que degenerara en algo mayor.

Sea por lo que sea, Jorge canta ahora "Humo en el agua", mientras anda haciendo cosas por la cosa, y no sabemos por qué.

El matrimonio es algo que tiene que ver con el compartir y con la ayuda mutua, para que los miembros de la pareja lleguen a ser personas mejores y más completas. En el matrimonio se comparten los sufrimientos y las alegrías. Es el dolor lo que produce el verdadero beneficio cuando experimentamos el gozo. De modo que, en vez de huir de nosotros mismos, la verdad nos permita aceptar lo que somos —tal y como somos— y madurar a partir de esa aceptación.

Ese fue el regalo que Lucrecia y Jorge se dieron el uno al otro al decidir decirse la verdad y escuchar la verdad en su matrimonio. El hablar la verdad es fundamental para este proceso de tener un matrimonio saludable. No es posible encontrar un matrimonio saludable sin una aplicación liberal del imperio de la verdad, una mezcla saludable de sentimientos genuinos y de atención inmediata a las pequeñas heridas y rasguños que experimentamos en el proceso.

El punto fundamental de todo esto es lo siguiente: *Las personas moralmente sanas sienten dolor cuando algo no anda bien*. El dolor tiene un propósito vital en nuestra vida y lo necesitamos. El no decir (o no querer escuchar) la verdad, sólo nos hace menos sanos y crea un temor al dolor —lo único que nos ayudará a ser mejores personas y mejores esposos y esposas—.

El desarrollo de los hijos

Los hijos, con frecuencia, proporcionan a los esposos algunas de las más grandes alegrías. Paradójicamente, los hijos son tal vez la responsabilidad mayor que cualquier persona enfrenta.

Entre las responsabilidades que asumimos para con los hijos, está el deber de enseñarles cómo sobrevivir en un mundo donde las cosas, muchas veces, no son lo que debieran ser. Pero el objetivo no es simplemente sobrevivir, sino sobrevivir lo más moralmente sano posible. En esto se incluye el aprender cómo aplicar el imperio de la verdad.

El aprender a aplicar el imperio de la verdad tiene beneficios para los hijos y para quienes los rodean. Sin embargo, hay también una utilidad a largo plazo al enseñarles lo que significa el imperio de la verdad: darles las bases para el papel futuro que desempeñarán en su matrimonio, en su familia, en su trabajo y en la sociedad en general. Una de las bases fundamentales de una relación sana de cualquier tipo, es la capacidad de confiar. Y, como es explicado antes, el decir la verdad es un elemento esencial e indispensable para que se desarrolle la confianza.

Queramos reconocerlo o no, aceptemos o no la idea, nuestros hijos fijan sus ojos en nosotros, de manera individual y específica, para saber cómo deben conducirse en la vida. Podemos creer firmemente que hay muchas otras influencias en la vida, más allá de la de los padres —y ciertamente las hay—, pero considerando la cantidad de tiempo que los padres pasan con sus hijos y su cercanía a ellos, su capacidad de ejercer una gran influencia sobre un hijo es dramática.

Esa influencia se produce no sólo en las ocasiones cuando les mentimos a propósito y premeditadamente, cuando torcemos la verdad o cuando le damos vuelta a la verdad con el fin de causar algún daño. También sucede cuando somos positivos, alentadores y brindamos apoyo a nuestros hijos. A todos nos encanta pensar que todo hijo —especialmente el nuestro— es capaz de hacer lo que se propone. Nuestro razonamiento es el siguiente: "Si hacen el esfuerzo, y si nosotros los padres les damos suficiente apoyo y oportunidades, no hay nada que nuestros hijos no puedan hacer".

Es aquí donde el imperio de la verdad *tiene* que influir en la manera como nos relacionamos con nuestros hijos. Y ya que estamos a punto de considerar lo que puede ser usado indebidamente, abordaremos este punto específico con mucho cuidado.

No le quepa la menor duda de que el estímulo, el amor y la aceptación incondicional son necesarios para criar hijos moralmente sanos. Pero asimismo es cierto el hecho de que Dios nos hizo diferentes a cada uno de nosotros. Si somos individuos únicos, entonces cada uno de nosotros no puede ser capaz de lograrlo todo por la simple fuerza de la voluntad. Eso, de hecho, nos haría iguales, idénticos a todos, excepto en la fuerza y virtud de nuestra voluntad o en la capacidad de aprovechar y canalizar bien nuestros deseos.

Rafael y Gisela Martínez eran músicos profesionales antes de casarse. Todo el mundo —incluso Rafael y Gisela— asumían que sus hijos serían prodigios de la música.

Dos de los hijos, Carla y Raúl lo fueron. Si se trataba de música, podían hacerlo y hacerlo bien. Ambos tenían oído absoluto para la música, por lo que ejecutaban los instrumentos con una madurez más allá de su edad. Cuando ellos tocaban junto con sus padres, era un placer escucharlos.

Pero otro de los hijos, Mario, no prometía nada como ejecutante. Sin embargo, Rafael y Gisela creían que sería solo cuestión de tiempo para que Mario brillara musicalmente. Pensaban que sólo hacía falta que ellos lo ayudaran a descubrir el don. Por lo tanto, lo obligaron a tomar lecciones privadas de piano, luego de trompeta, y más tarde de solfeo. Sin embargo, a pesar del esfuerzo que hacía con la música, nunca podía ponerse a la par de sus hermanos.

Como resultado, Mario se sentía un fracasado a la edad de ocho años. Se sentía como un marginado de su familia. La verdad era que él no podía tocar como la familia esperaba, y todo parecía indicar que nunca lo lograría. Con todo, seguía estudiando valientemente lección tras lección.

Un amable profesor de guitarra, llamado Antonio, entró un día en el estudio de su casa y vio a Mario de pie junto a la ventana de la habitación. Estaba observando la actividad que había en el patio de atrás, donde los hijos de Antonio estaban jugando fútbol.

—Oye, Mario, ¿te gusta jugar fútbol?

—Sólo he jugado un par de veces en el parque. A mis padres no les interesan mucho los deportes.

—¿De veras? Te propongo una cosa. ¿Por qué no vas a patear el balón con los muchachos durante unos minutos, mientras yo afino las guitarras?

—¿De verdad?

—Seguro. Te llamaré cuando haya terminado.

Afinar las guitarras era, para Antonio, cuestión de un par de minutos a lo sumo. Pero Mario se había esforzado tanto durante las lecciones, que Antonio se compadeció de él. Antonio observó cómo Mario se metió en el juego que los muchachos estaban disfrutando y vio cómo se transformaba.

El niño inseguro para la música se estaba divirtiendo de lo lindo con los hijos de Antonio, driblando el balón. Mario tenía un ritmo natural con el balón de fútbol, ritmo que Antonio jamás le había visto con la guitarra. Seguía con facilidad el movimiento del balón por todo el patio, y se lo quitaba con facilidad a los hijos de Antonio. Además, parecía poder patear el balón con precisión a cualquier sitio que quería.

Rafael se sorprendió por la petición que le hizo Antonio ese día: "No te cobraré las próximas diez lecciones, si le permites a Mario que juegue con mis hijos en la próxima temporada".

Era una petición rara, pero Rafael pensó que el ejercicio le vendría bien a Mario. Por lo tanto, estuvo de acuerdo.

Mario brilló en el campo de fútbol. Sus lecciones con Antonio no dieron mucho fruto, pero al final de la temporada Rafael y Gisela aceptaron el hecho de que el don de Antonio era otra cosa, no la música.

Mientras escribimos esto, Carla y Raúl están estudiando música, becados por una universidad. Están destinados para grandes cosas. Y Mario, que ha estado jugando fútbol desde el primer año, está a punto de graduarse de la escuela secundaria. Está ahora considerando ofertas de becas que le han ofrecido una docena de las principales universidades, interesadas en sus habilidades para el fútbol. Es un joven perfectamente normal y hace chistes diciendo que es el único miembro de la familia que no es músico.

¿Estamos sugiriendo que a un niño se le esté hablando, desde que nace, de sus capacidades o debilidades para hacer algo? No, en absoluto. Por otra parte, tampoco recomendamos que los padres presionen a sus hijos a destacarse en algo para lo cual tienen muy poca o ninguna aptitud. En esos casos, los padres necesitan decirse a sí mismos la verdad y luego ayudar a sus hijos a identificar los dones y talentos que han recibido de Dios.

Los padres deben, asimismo, dar un estímulo positivo, claro y consistente a sus hijos, para que éstos utilicen bien sus fortalezas. Pero también es bueno que los hijos sepan que habrá cosas que no serán fáciles para ellos, así como hay otras en las que descollarán.

También debemos comunicarnos claramente cuando hablamos con nuestros hijos. Podemos estar orgullosos de ellos; podemos estar contentísimos por lo que son capaces de lograr cuando sobresalen en sus destrezas y vencen sus debilidades. No obstante, tenemos que examinar nuestro uso de superlativos cuando hablamos con nuestros hijos de sus dones y capacidades.

Debemos hablar siempre, en los términos más elogiosos, del valor intrínseco y de los méritos personales de nuestros hijos. Pero todo lo que digamos en cuanto a su conducta, dones y capacidades —dicho con palabras amables y cariñosas— debe basarse firmemente en la realidad. Cuanto más precisa y completa sea la idea que los hijos tengan en cuanto a lo que son y pueden hacer, más confianza adquirirán. El vivir bajo la ilusión de que siempre tendrán éxito puede, en realidad, llevarlos a fracasar. Y un fracaso no esperado puede cohibirlos y minar la confianza en ellos mismos. Las expectativas poco realistas de los padres excesivamente entusiastas pueden impedir que los hijos sepan de verdad cómo es la vida.

La verdad es una calle de doble sentido

Todo padre, en algún momento, tendrá que hablar con sus hijos para ayudarlos a comprender que tienen que hablar la verdad en sus relaciones con los demás. Este proceso comienza pronto en la vida y parece no tener nunca fin para los padres. La aplicación más temprana y más frecuente involucra generalmente el pedir a los hijos que den cuenta de su conducta.

"Juan, ¿quién rompió la lámpara?".

Juan está en la sala. La punta de su bate de béisbol sobresale por debajo del sofá. Antes de responder, está al borde de las lágrimas.

En un momento así, es claro que los padres no quieren ponerse a oír historias para saber lo que sucedió. Quieren que el hijo les diga exactamente lo que sucedió, sin adornos. Los padres necesitan ser capaces de confiar en lo que el niño les está diciendo. Eso está bien. ¿Pero muestran los padres el mismo tipo de compromiso con la conducta veraz en sus propias vidas, viviendo vidas que no oculten nada a sus hijos?

Los padres tienen muchas oportunidades cada día de demostrar a sus hijos lo importante que es vivir con autenticidad. Por ejemplo, el teléfono suena y alguien dice que la llamada es para papá, pero éste está cansado después de un largo día de trabajo. ¿Debe responder: "Diles que no estoy en casa", y esperar que Juan diga la verdad en cuanto a la lámpara que dañó?

La mamá está comprando comida y recibe dinero de más después de pagar. Cuenta el dinero después de salir de la tienda y se da cuenta del error. ¿Devuelve el dinero al cajero, o lo esconde rápidamente en su cartera? ¿Cree ella que la verdad importa sólo cuando no le cuesta nada, pero puede sentirse libre de ocultar la realidad cuando conviene esconder la verdad?

Estamos de acuerdo en que estas son cosas menores. Pero son las cosas pequeñas las que, al irse acumulando, crean lo que finalmente se convierte en nuestro carácter. Por lo tanto, ponemos en peligro el carácter de nuestros hijos cuando no damos la debida atención a los asuntos que tienen que ver con la verdad.

Formar el carácter no es diferente a formar alguna otra cosa. Todo lo que hacemos se va acumulando sobre lo que había antes, y si lo anterior es inconsistente, las cosas se salen del buen camino. El carácter se echa a perder.

Esto es lo opuesto a lo que decíamos en el capítulo 1, cuando tratábamos el concepto de la ética de la excepción. La ética de la excepción es cuando tratamos de tener una posición moral en la conducta a partir de algún hecho extremo y por lo general de incidencia inusual. De lo que estamos hablando con nuestros hijos es de la formación de la ética diaria, no de la situación coyuntural que les afectará profundamente y que los apartará del centro moral que nos esforzamos en enseñarles. Son las excepciones que regular y consistentemente se apartan de la verdad e integridad en la vida diaria, las excepciones regulares y consistentes que se apartan de la conducta veraz que mantenemos cada día —sin dar explicaciones ni demostrar consistencia en nuestra conducta— lo que comenzará a deformar el carácter de nuestros hijos.

¿De qué manera deformamos el carácter de nuestros hijos? Les enseñamos que la conducta o las palabras falsas no generan consecuencias. Actuamos como si el evitar la molestia que causa el dolor, falseando la verdad, fuera una conducta perfectamente aceptable. Y cada vez que lo hacemos, corremos el riesgo de que ese sea el momento en que comenzamos a inhibir el desarrollo del carácter de nuestros hijos.

Una nota final: nuestros hijos están hechos para confiar en nuestras promesas.

Nosotros dos viajamos mucho y durante un tiempo estuvimos viajando al exterior. Cuando los hijos de Steve eran más pequeños, les grababa casetes con canciones de cuna y cuentos para que los escucharan mientras él se encontraba de viaje. (Ellos, a su vez, le grabaron un casete a Steve para que lo escuchara. Tome nota: ésta es una excelente idea para los padres que se encuentran viajando lejos de la familia).

Después de un viaje agotador a África, Steve bajó del avión y les dijo a sus hijos:

—¡Ah, qué bueno arroparlos a ambos "vivos y en persona" esta noche!

Su hija, Maggie, le preguntó:

—¿Nos vas a cantar?

Su hijo, interrumpió, diciendo:

—Papi, ¿nos vas a contar una historia de África esta noche, verdad?

—Les prometo que sí.

Pero las horas, antes de que se fueran a la cama, resultaron más largas de lo que Steve esperaba. Estaba agotado, con ganas de acostarse, y trató de darles una excusa para no seguir con las canciones de cuna y la historia. Ben y Maggie estaban comprensiblemente decepcionados, por lo que Steve les propuso algo:

—Oigan, pudieran escuchar el casete de papá una noche más.

Ben sacudió la cabeza y dijo:

—Pero la cinta no nos mece en la mecedora.

Maggie miró a su hermano e hizo un movimiento afirmativo con la cabeza:

—Tú lo prometiste.

Steve y sus hijos se quedaron dormidos en la mecedora en medio de la historia que les contaba de las jirafas. Desde entonces, ha estado obsesionado y estimulado por la importancia que dan los hijos a las promesas de sus padres.

En el hogar —tal vez más que en cualquier otro ambiente— es evidente que la manera como manejamos la verdad y la conducta veraz, en las "cosas pequeñas de cada día", tiene una influencia mucho mayor que los argumentos que enfatizan la validez de las excepciones. Es allí, en las oportunidades que ofrece la vida diaria, donde los elementos del carácter y de la veracidad se juntan para formar la capacidad del niño de confiar en los demás.

Si nosotros no formamos esa capacidad para que otros tengan un nivel de confianza aceptable en los demás, la verdad en nuestros trabajos y en la sociedad (que serán los temas a considerar en los próximos dos capítulos) se volverá algo problemático. Las bases en cuanto a la verdad deben echarse en el ambiente del hogar. Los hijos y los padres deben establecer la confianza si quieren actuar con carácter e integridad cuando se encuentren en situaciones más allá de la familia.

El hogar debe ser un refugio para todo niño. Los niños deben ser amados, aceptados y atendidos a cada momento. Pero la enseñanza de la verdad por parte de los padres, tanto de palabra como de hecho, es de suma importancia para que los hijos tengan un concepto sano, fuerte y claro de quiénes son y de cuáles son sus dones.

Esto significa que nosotros, como padres, debemos aplicar el imperio de la verdad en nuestro trato con los niños y con los adultos. El beneficio bien valdrá la pena: los hijos desarrollarán una confianza indestructible en sus padres al saber que pueden tener confianza en lo que ellos les digan.

capítulo 7 ▶ la verdad en el lugar de trabajo

> En este mundo de ilusiones o de ilusiones aparentes, la persona de virtudes sólidas, que puede ser admirada por algo más sustancial que su notoriedad, es el héroe ignorado: el maestro, la enfermera, la madre, el policía honesto, el trabajador que da lo mejor de sí mismo en empleos solitarios, subpagados, silenciosos, no valorizados.
>
> –Daniel J. Boorstin

Oscar trabajaba para una compañía, bien manejada, que era propiedad de una sola familia. Los valores apreciados en aquella región del oeste del país, que habían llevado a constituirse la empresa, permeaban todo lo que allí se hacía. Compañías más grandes podían pasar por alto asuntos de conducta de algunos jefes, pero Oscar sabía que nunca serían aprobados en una población pequeña como aquella en donde se había establecido la compañía para la que él trabajaba.

Oscar era gerente de ventas en una industria altamente competitiva. Transformó en un dínamo de actividad a un grupo de vendedores, que antes carecían de motivación. Fue un proceso que requirió tres años, pero el equipo llegó a ser el primero en ventas de la región.

Para reconocer el trabajo hecho, Oscar decidió hacerle una fiesta al equipo. En la celebración estaba presente todo el personal de ventas, más Matías, el vicepresidente de mercadeo y ventas. Cautivado por el entusiasmo que había en la fiesta, Oscar se pasó de tragos, pero no puso a nadie en una situación incómoda. Simplemente le pidió a alguien que condujera su automóvil para ir a casa.

Oscar estaba perfectamente sobrio y en condiciones de trabajar la mañana siguiente. Participó activamente en una reunión de tres horas con el personal de ventas y Matías. Fue una discusión animada, llena de optimismo y de perspectivas favorables. Hubo apenas algunos puntos menores de desacuerdo entre Oscar y algunos de su personal, y entre Oscar y Matías. Pero Oscar pensó que los puntos de disensión eran sólo parte del proceso, y que todos tenían la oportunidad de cooperar.

Su equipo de ventas salió a almorzar, y cada uno de ellos, incluidos los que no habían estado de acuerdo con Oscar en algún momento durante la reunión, le dieron un apretón de manos y le expresaron su agradecimiento por haber tenido una mañana productiva.

Pero Matías tenía una interpretación diferente de la situación. Después de que salió el último vendedor, cerró la puerta y enfrentó a Oscar:

—Oscar, quiero que sepas que he tomado una decisión. Basado en lo sucedido anoche, y lo que he visto esta mañana, tengo que poner en mi informe de esta reunión que anoche te emborrachaste.

—¿Tendrás que poner *qué*? ¿Qué hice de malo esta mañana?

—Lo que dijiste no me pareció sensato.

—¿Sólo porque no estuve de acuerdo en algunos puntos piensas que vine a trabajar achispado?

Matías simplemente se encogió de hombros y abandonó la habitación.

Oscar sintió un nudo en el estómago. Sabía que su cargo estaba en peligro. Matías era famoso, en realidad, por escribir reportes en los que cuestionaba el criterio y la conducta de los que trabajaban para él. Parecía amenazado por cualquiera que mostrara tener iniciativas. Oscar todavía no había sido víctima de su pluma venenosa, pero tenía la sensación de que ahora iba a saber cómo era la cosa.

Esa tarde, Oscar fue llamado a la oficina de Matías. Éste le dijo:

—Creo que debes saber lo que puse en mi reporte de la reunión de esta mañana, Oscar.

El informe impreso estaba sobre su escritorio. El punto final decía: "El entusiasmo de Oscar en la reunión pudo deberse a los tragos".

Oscar hizo un gesto negativo con la cabeza, pero se mantuvo sorprendentemente calmado.

—Eso insinúa que el alcohol está afectando mi trabajo. Pero no es verdad. No sucedió esta mañana y ni siquiera he tenido una resaca hoy. Nunca he venido al trabajo con una resaca. Pero si no quitas ese punto, eso podría costarme mi empleo.

—Lo siento, Oscar, pero es así como yo lo veo. Eso va a quedar en el informe.

—Está bien, pero creo que yo tendré que hacer una observación igual en cuanto a ti. Recuerda que yo también tengo que presentar un reporte de la reunión de esta mañana.

Oscar tomó un marcador y escribió en la pizarra blanca de Matías: "Matías estuvo sobrio hoy". Después de esto miró a Matías, que ya se estaba poniendo rojo del cuello de la camisa para arriba. Éste dijo:

—¿Qué estás tratando de conseguir? —Matías estaba furioso— ¡Cualquiera que lea eso podría pensar que lo normal para mí es venir embriagado al trabajo!

—Una verdad a medias para una verdad a medias, Matías. ¿Qué prefieres?

La verdad en el trabajo

Quisiéramos poder decirle que Matías y Oscar terminaron el día dándose un gran abrazo, muy felices y con mucha cordialidad, pero no fue así.

Por el contrario, cada uno puso su verdad a medias en su informe sobre la reunión, y ambos fueron llamados para que explicaran su reporte. El enfrentamiento hizo claro que no iban a poder seguir trabajando juntos. Por eso, a pesar del éxito de Oscar y de la jerarquía de Matías, a ambos se les pidió la renuncia.

No podemos decir qué habría sucedido si ambos hubieran decidido ser lo más honestos posible. Oscar pudo haber quitado la observación irónica sobre Matías, y éste pudo haber expresado su desacuerdo con las ideas de Oscar, sin mencionar el asunto de la bebida.

Tal vez todos nosotros estamos atrapados por la cultura en que vivimos. Por más que digamos que valoramos la verdad y la integridad como sociedad, seguimos divididos en cuanto a la aplicación de esa verdad. Una encuesta reciente mostró que una tercera parte de nosotros cree que hay absolutos morales permanentes, una tercera parte piensa que la verdad moral es relativa a las circunstancias, y una tercera parte no tiene ninguna posición referente a la verdad moral o nunca se ha detenido realmente a pensar en el asunto[1].

¿Sabe usted realmente qué respuesta a la verdad van a dar sus colegas de trabajo? Y, en realidad, ¿sabe cómo *responderá* usted?

Hay situaciones en nuestra vida en las que el ser íntegros parece ser una decisión más evidente que en otras situaciones. En una cultura que venera sus lugares de trabajo*, la gran mayoría de las personas estará de acuerdo —por lo

---

[1]The Barna Research Group, *Omnipoll* 1-95, tabla 27a, Ventura, California. Enero, 1995.
Nota del editor: Se habla particularmente de la cultura estadounidense.

menos en teoría— con la honestidad e integridad personal en el trabajo. Pero desde la fábrica hasta la oficina más sofisticada y los niveles directivos, hay aplicaciones menos evidentes de la verdad. Por lo menos, hasta que aplicamos el imperio de la verdad.

Reacción positiva

En este libro, el decir la verdad se considera idéntico, a menudo, con el tener que decirle a alguien algo difícil. Pero la verdad es que —y esto es así en la familia, en el trabajo y en la sociedad— *el aprender cómo dar a alguien una reacción positiva en cuanto a lo que está haciendo puede ser tan difícil como aprender cómo dar consejos en cuanto a las conductas negativas o destructivas.* En nuestra sociedad, casi esperamos que las personas no se ocupen de las cosas difíciles. Pero queremos, en lo más profundo de nuestro ser, que las personas nos digan —en realidad— que lo estamos haciendo bien.

Carolina era una diseñadora talentosa. Durante años había trabajado duro en su oficio y había tenido éxito en la creación de un negocio de diseño, a tiempo parcial, en su casa. Cuando su hijo menor pasó a segundo grado en la escuela, Carolina y su esposo decidieron que ella podía dedicarse a trabajar de nuevo a tiempo completo.

Parecía que había llegado el momento adecuado para tomar esa decisión. Uno de los clientes de Carolina era un editor de catálogos que siempre estaba elogiando con entusiasmo el trabajo de ella. Este editor estuvo persiguiendo a Carolina para que aceptara ser parte del personal de su compañía. Llegaron a un acuerdo y Carolina comenzó a trabajar allí sin haber considerado otras opciones.

Pero menos de un mes después, parecía que Carolina no podía hacer nada bien. Sabía que estaba haciendo la misma calidad de trabajo que había hecho antes como contratada, pero lo único que le mencionaba el editor eran sus errores. Carolina, simplemente, no estaba recibiendo ninguna reacción positiva a lo que hacía.

Seis meses más tarde, Carolina renunció a su cargo. Esto fue para el editor una total sorpresa, quien se encargó de realizar la entrevista final.

—Carolina, ¿qué sucedió? Me encantaba tu trabajo. Nos estabas llevando a un nivel más de excelencia. ¿Te hizo alguien una mejor oferta de salario que debemos igualar?

La sorpresa fue ahora para Carolina.

—Bueno, si te gustaba mi trabajo, me habría resultado agradable escucharlo decírtelo de vez en cuando.

El editor pensó por un momento en lo que había oído y dijo:

—Tal vez tengas razón.

La decisión de Carolina de volver a trabajar por contrato era definitiva, pero el editor se esmeró, a partir de ese día, de comentar las cosas buenas que estaban haciendo sus empleados, y la rotación de personal disminuyó dramáticamente.

Reacción positiva sospechosa

Dicho esto, para cualquiera de nosotros el hacer un elogio o dar un reconocimiento que no esté basado en la verdad es tan indecoroso, tan deshonesto, como el utilizar la verdad como un arma, o como ignorar las cosas que tienen que ser enfrentadas. Todos queremos ser reconocidos por las cosas que hacemos bien, o por las mejoras que estamos logrando. Pero demasiados elogios indiscriminados nos hacen dudar de la verdad de la aprobación que estamos recibiendo.

Devlin es un comentarista habitual de la cultura popular. Hace poco estuvo leyendo un libro escrito por Joe Jackson, un músico pop que llegó a la cima al comienzo de la década de los años ochenta. Lo que fascina a muchos estadounidenses es descubrir que muchos músicos pop, como Jackson, han hecho estudios musicales serios. Jackson mismo estudió en la Real Academia de Música de Londres. En su autobiografía, *A Cure for Gravity* [Cura para la seriedad], Jackson cuenta su experiencia de "reacción positiva sospechosa" por parte de un instructor de instrumentos de percusión:

> Era muy viejo, y el profesor más estimulador que jamás había conocido. Me paraba y exclamaba: "¡Oh, muy bien!" cada vez que yo daba un golpecito al tambor o las panderetas. Era tan estimulador, en realidad, que yo comencé a pensar si se había vuelto decrépito. A pesar de toda su vasta experiencia, fue muy poco lo que pude aprender de él[2].

A Jackson le hacía sentir bien recibir los elogios de su profesor de percusión. Pero eran tan frecuentes, y tantas veces parecían injustificados, que después de algún tiempo Jackson comenzó a dudar de la veracidad de cualquier cosa que dijera su instructor.

La lección es sencilla: cuando se hagan observaciones positivas acerca de la conducta de una persona, es importante ser tan específico y detallado como lo somos cuando señalamos lo negativo. Los elogios tienen que estar basados en la realidad. Recordemos que el imperio de la verdad no se aplica únicamente a situaciones difíciles. También se aplica a las ocasiones en que damos reconocimiento a las personas.

---

[2]Joe Jackson, *A Cure for Gravity* (New York: PublicAffairs, 1999), pp. 131, 132.

En el capítulo 1 nos referimos a nuestro amigo Guillermo, quien siempre creyó que su desempeño en el trabajo era por lo menos aceptable, si no total y absolutamente excelente. Luego vino el aciago día cuando su jefe le hizo saber que su trabajo no estaba al nivel de lo que la compañía podía invertir en él, y que ni siquiera tendría una oportunidad para mejorarlo.

La pregunta que le pedimos a usted que considere ahora es la siguiente: ¿Quién tuvo la culpa en esta situación? Para algunos de los colegas de este caballero engañado, era él mismo quien tenía toda la culpa, ya que sus hábitos laborales y la capacidad de hacer bien su trabajo estaban muy por debajo del nivel mínimo esperado de alguien en la compañía. Ciertamente, gran parte de la culpa la tenía ese empleado.

Pero creemos que esta explicación es demasiado fácil. Culpar a la persona, aunque eso quizás fuera correcto hasta cierto punto, no era la respuesta a algo que era más complejo. La respuesta, al igual que el problema, involucraba algo más:

▶ ¿Se había hablado más de una vez con este empleado acerca de las deficiencias que tenía en el desempeño de su trabajo?

▶ ¿Había invertido alguien tiempo y energías para hacer que se viera a sí mismo como lo veían los otros empleados que trabajaban con él?

▶ ¿Se había interesado alguien lo suficientemente por él para decirle la verdad en cuanto al trabajo mediocre que hacía, así como esa persona habría deseado que alguien le hubiera hablado de haber sido ella la que estaba teniendo las fallas?

Estas son preguntas importantes para nosotros, ya seamos jefes o subalternos de una compañía u organización. ¿Cómo puede alguien esperar que corrijamos algo si no estamos en situación de ver exactamente qué clase de empleados somos realmente, no la persona que creemos ser, sino la persona que otros perciben?

Nosotros dos hemos desempeñado trabajos de supervisión en una empresa grande. Como consultores, a ambos se nos ha pedido que evaluemos, por igual, la función de grupos operativos, departamentos y personas.

Francamente, ambos hemos sido muy buenos al señalar los puntos fuertes de las personas, pero seguimos buscando tener encuentros en los que apliquemos verdades correctivas, aunque eso se parezca a llevar a alguien al dentista. Sabemos que es necesario, aunque puede ser una experiencia que cause tensión o nerviosismo.

El favor más grande que algún supervisor hizo jamás por nosotros fue hablarnos de nuestros puntos débiles. En un momento u otro nos hicieron observaciones en cuanto a un cierto tipo de corte de cabello o nuestra forma de vestir. Ambos hemos sabido de incorrecciones no intencionales que hemos cometido contra otros. Corregimos lo que pudimos en respuesta a esas sesiones, y pudimos seguir trabajando bien en esos contextos.

De la misma manera, creemos que el favor más grande que podemos hacer por las personas que evaluamos es ayudarlos a mejorar sus deficiencias. Pero tenemos cuidado en señalar tanto los puntos fuertes como las debilidades. Desafiamos a los demás, tanto como somos desafiados, para sacarles el mayor provecho a sus dones y talentos naturales. Aplaudimos la aplicación de éstos, así como el mejoramiento de las habilidades. Esto hace que la verdad correctiva sea más fácil de manejar y la pone en un contexto basado en la realidad.

El desafío para un supervisor o gerente es ser un verdadero espejo para las personas que sirve. Está puesto en una posición de liderazgo para dar una respuesta clara, constructiva y positiva en cuanto al desempeño —tanto excepcional como mediocre— de quienes supervisa. Sin embargo, debido a los muchos temores que giran en torno al hecho de decir la verdad y escuchar la verdad, muchos ejecutivos buscan en realidad maneras de evitar hablar franca y claramente con los que trabajan para ellos.

Estas confrontaciones, por supuesto, son difíciles. A veces se vuelven emotivas. A veces hay lágrimas, frustraciones e incluso desacuerdos. Pero el beneficio positivo es grande, aunque a veces no llega de inmediato. Es gratificante y magnífico observar cómo reaccionan positivamente los trabajadores a nuestras observaciones claras.

En este punto, pudiéramos afinar nuestro argumento diciendo que, si usted les dice la verdad a otros en su trabajo, todo saldrá bien. Por supuesto, eso no siempre es así. En realidad, decir la verdad puede ser difícil y a veces punzante. Pero hay que recordar que, a menos que usted les dé a las personas la oportunidad de verse a sí mismas en la respuesta que usted les dé, es posible que nunca tengan la oportunidad de cambiar. Exponer la verdad no siempre tiene éxito. Pero incluso si hay desacuerdos, la verdad es la mejor oportunidad que tenemos para ayudar a los demás.

Esta es, después de todo lo dicho, la cuestión fundamental en cuanto a hablar la verdad en nuestros lugares de trabajo: ayudar y apuntalar.

Una táctica ganadora: dirigir la verdad hacia uno mismo

Un punto final: ¿Cómo reaccionamos cuando las cosas nos salen mal en el trabajo? ¿Qué hace usted cuando toma una decisión y ésta es equivocada? ¿Qué haría si, en el curso de determinado asunto, su capacidad de controlar todos los detalles es rebasada por la realidad? ¿Qué sucede cuando los resultados no son todo lo que usted desea, ni aquello por lo cual usted trabajó, ni lo que prometió a otros?

Héctor enfrentó esa situación en una organización sin fines de lucro para la que trabajó hace varios años. Había formado un equipo de jóvenes empleados listos para adueñarse del mundo. Tenían una causa que estaba ganando publicidad y una prensa favorable. A Héctor le habían dicho que dentro de tres meses lanzarían una nueva campaña que exigiría la reestructuración de su departamento y el ascenso de muchos de sus colaboradores.

A Héctor le preocupaba el tiempo que tomaría lanzar la estructura del nuevo departamento. Por lo tanto, decidió que los miembros de su equipo se involucraran en lo que serían los cambios futuros para que estuvieran preparados para sus nuevas responsabilidades.

El problema fue que el cambio nunca se produjo. Quienes debían tomar la decisión determinaron que esa transformación del departamento de Héctor sería demasiado grande y prematura. A Héctor le tocó, entonces, enfrentarse con su equipo.

Héctor fue criticado como el responsable. "Lo hice confiado en que el asunto estaba siendo considerado. Con toda honestidad, pensé que la cuestión era un hecho, pero no fue así. Sé que todos pusimos mucho esfuerzo y esperanzas en lo que ahora parece ser sólo una ilusión. Perdónenme, por favor, pero no los culpo si no lo hacen".

Si alguien estuvo pensando en dejar el departamento de Héctor en el malestar del momento, esos pensamientos se apaciguaron por esa sencilla y directa declaración.

Héctor dijo claramente lo que había sucedido, sin excusarse, sometiéndose a la comprensión de su equipo.

¿Qué habría hecho usted? Es en este punto de fracaso personal en el trabajo que entra en juego de nuevo el imperio de la verdad. A veces deseamos que los que trabajan para nosotros enfrenten y compartan parte de la responsabilidad por nuestros errores; un tipo de expresión de lealtad de equipo. Otras veces, nos hallamos en una situación en la que buscamos desesperadamente pasar a otro la responsabilidad, o dar una explicación que nos libere de nuestra culpabilidad personal.

En este punto, nos damos a nosotros mismos una mirada fuerte, clara y firme. ¿Calculamos mal? ¿Erramos en nuestro juicio? De ser así, entonces tenemos que aceptar la responsabilidad por nuestras acciones.

Es aquí donde entra en juego el carácter. Al aceptar la responsabilidad que nos corresponde, ejercemos la capacidad de desarrollar nuestro carácter a un nuevo nivel. Por lo general, en vez de que eso cree más problemas, ensanchamos nuestra autoestima, conservamos nuestra dignidad y nos ganamos el respeto de quienes nos rodean.

Nada de esto significa que al aceptar la responsabilidad usted va a escapar de las consecuencias que sus acciones han generado. Pero es mejor tener la reputación de ser una persona que hace lo correcto: responsabilizarse por sus acciones. Vivir con el resultado de nuestras acciones, en vez de manipular los hechos y el mecanismo para evitar el dolor, es una decisión honrosa.

El mundo del trabajo absorbe casi una tercera parte de los años de nuestra vida. Separar de nuestro mundo laboral los valores que aprendemos y desarrollamos en el seno de nuestra familia puede significar una frustración importante para nosotros. En vez de cruzarnos de brazos pasivamente y renunciar a nuestras convicciones en la esfera del trabajo, tenemos que integrar nuestra vida y nuestros valores.

la verdad en la sociedad la verdad
en la sociedad la verdad en la
sociedad la verdad en la sociedad
la verdad en la sociedad la verdad
en la socie
sociedad la verdad en la sociedad

capítulo

►8 la verdad en la sociedad

Toda violación de la verdad es una puñalada
al bienestar de la sociedad humana.
—Ralph Waldo Emerson

Una vez escuchamos la historia de un anciano conde a quien le encantaba dar bailes de disfraces. Al conde le producía un gran placer observar a los invitados con sus disfraces. En vez de hacer uso de la tradición de pedir a los invitados que se quitaran las máscaras una hora antes de que terminara la fiesta, el conde alineaba a los huéspedes y se ponía a conjeturar quién estaba detrás de cada disfraz. Con el paso de los años, el ingenio del conde para adivinar quién estaba detrás de cada máscara había llegado casi a la perfección.

—No sé cómo lo haces, tío —decía Jeremías, el joven sobrino nieto del conde. Jeremías había venido a visitarlo para poder ver al anciano en acción. —Esta adivinación que haces de las máscaras te ha dado mucha reputación.

—Entonces, es el momento de que aprendas algo. Observa y escucha con mucho cuidado.

El conde llevó a su joven pariente a un palco que estaba en el salón de bailes de la mansión para poder ver desde allí a todos los invitados.

—¿Ves aquel tigre? Ése es Vicente. Se cree un depredador en su profesión, por eso viene vestido como tal. La última vez era un jaguar. Ese tema es evidente en su vida.

»¿Y sabes quién es esa cosa recatada vestida como una niñita, tan modesta y anticuada? Es Angelina. Pasó tanto tiempo de su juventud en una vida desenfrenada, que desde entonces ha estado tratando de recuperar su inocencia. Viene disfrazada como algo inocente, porque desearía serlo.

»El Cervantes que está allá abajo y a la izquierda es Horacio. Se dedica a la publicidad escrita y se la pasa gimiendo porque nadie aprecia su talento. Siempre está amenazando con dejar de trabajar para ponerse a escribir la gran novela de su generación. Me gustaría que lo hiciera. La última vez vino disfrazado de García Márquez. Quizás debió haber repetido ese disfraz, porque la verdad es que no se ve bien con los pantalones ceñidos.

»La Cleopatra que está en el centro del salón es doña Carlota. Está buscando a un Marco Antonio para completar su reino. Ella siempre querrá ser la que manda, no una compañera. Hace dos fiestas, según recuerdo, vino disfrazada como Catalina la Grande. Es una persona a la que no le gusta compartir el poder.

Jeremías dio un silbido y dijo:

—¡Tío, tú sí que sabes!

El conde sonrió:

—Todo lo que necesitas saber es que el verdadero carácter de una persona se revela por lo que oculta detrás.

Y esa noche, una ahora antes de que terminara la fiesta, el conde adivinó quién estaba detrás de cada máscara.

Por nuestras máscaras nos conocen

Esta fábula se creó a partir de una reflexión de Ralph Waldo Emerson. Éste comparó una vez a la sociedad con un baile de máscaras, donde todos podían ser identificados por las máscaras que se ponían. Emerson sigue teniendo razón. Nos ponemos máscaras, pensando ocultar así nuestras fallas. Pero esos mismos disfraces revelan quiénes somos en realidad.

Como sociedad, tendemos a ocultar los efectos de los años vistiéndonos con ropa joven, conduciendo un carro deportivo y, tal vez incluso, buscando el "trofeo" de una esposa más joven para sustituir al "viejo modelo" con el que vivimos. De esa manera, muchas veces mostramos nuestro temor en cuanto a la verdad de que el tiempo está pasando y que, después de todo, somos mortales.

Como sociedad, tendemos a ocultar los efectos de la injusticia distanciándonos de aquellos que la sufren. Tal vez acusamos de indolentes o de tener deficiencias genéticas a los que están privados de las oportunidades fundamentales. Luego mostramos nuestro temor a la verdad de que podríamos ayudar a los demás, pero simplemente nos negamos a movernos de nuestra situación cómoda.

Como sociedad, tendemos a ocultar los efectos de la espiritualidad perdida, diciendo que Dios no existe, o de que todos somos Dios. Sustituimos la adoración colectiva por la indiferencia colectiva. Le sacamos el máximo placer a cada momento, en vez de pensar en el futuro en esta vida o en la eternidad. Huimos de la verdad de que Dios puede estar observándonos, gimiendo por nosotros y, en raros momentos, incluso regocijándose con nosotros. Pero a él nunca lo invitamos a la fiesta.

Como sociedad, nos ponemos lo que queremos ser en vez de lo que somos. Decimos admirar la responsabilidad moral personal, pero sólo para los demás. "Sostenemos que estas verdades son evidentes", siempre y cuando sirvan a nuestros propósitos. Queremos ser como la Madre Teresa o como Billy Graham, y los ponemos en programas especiales de televisión —para tener una experiencia virtual de sus vidas de servicio, mientras estamos comiendo palomitas de maíz en nuestros sofás—. Y no admitimos la verdad de que somos demasiado cobardes para arriesgarnos a hacer aquello que realmente formará carácter en nosotros.

El carácter de la sociedad

Si nos detenemos a pensar en los asuntos que hemos tratado en este libro y analizamos cada uno de ellos en un sentido más amplio, lo que encontramos es que hemos hablado de asuntos a nivel personal que conducen a muchos de los problemas que enfrentamos juntos como sociedad.

¿Cuáles son los problemas sociales que surgen de la falta de integridad, honestidad y de no decir la verdad en nuestra sociedad? He aquí algunos ejemplos.

Hemos fallado al no decir la verdad a nuestros hijos y a los jóvenes en cuanto a la necesidad de que desarrollen relaciones saludables y responsabilidad moral. Hemos encubierto el fracaso de nuestra generación de vivir la pureza sexual, dando permiso a nuestros hijos para que experimenten con la dinamita que casi nos destruyó a nosotros. Las relaciones sexuales sin obligaciones son ahora nuestra expectativa cultural, y hemos prostituido a nuestros hijos para descargar nuestra conciencia.

Hemos fallado al no decirnos a nosotros mismos la verdad sobre los efectos de la violencia como forma de entretenimiento. Nos horrorizamos cuando nos enteramos de que un niño le disparó a un compañero de escuela, pero sonreímos complacidos cuando el mismo niño le vuela la cabeza al enemigo en un video. Nos ponemos una máscara de disgusto cuando oímos de un asesinato violento, pero prendemos el televisor para ver los detalles gráficos en el noticiario de la noche y la televisión amarillista que sigue a las noticias. La violencia de la televisión nos ha llevado a restarle importancia a la vida.

Hemos fallado al no decirnos a nosotros mismos, en nuestros lugares de trabajo, que es honroso hacer lo correcto, aun a costa del beneficio económico personal y de la pérdida de ganancias por parte de los empresarios. Se sigue negando a candidatos calificados una posición de liderazgo si no coinciden con las políticas arraigadas de algunas empresas en cuanto a discriminación por razones de sexo o raza. Desde las críticas violentas al servicio telefónico, hasta la manipulación de las investigaciones sobre los efectos nocivos del cigarrillo, ponemos en riesgo la dignidad humana a cambio de ganar unas monedas más. Y el tratar a los clientes y donantes como personas, no como símbolos monetarios, se ha convertido en un arte perdido, y el resultado es la socavación de la confianza.

En estas últimas décadas, desde Richard Nixon hasta Bill Clinton, la integridad del cargo más importante de los Estados Unidos de América ha sido agredida*. Los hechos en torno a los últimos años de la presidencia de Clinton y de la reacción de los congresistas a los mismos son, por supuesto, un "gran ejemplo" de la historia reciente. ¿Por qué causa? No necesitamos escarbar en los detalles de todo ese vergonzoso enredo. Pero lo esencial es que el presidente de los Estados Unidos de América —y luego una sucesión de funcionarios públicos— fueron atrapados en mentiras.

La verdad política: ¿una paradoja, o una expectativa razonable?

Cuando fue acusado de haber tenido una relación sexual con una pasante, el presidente Clinton negó haber tenido "relaciones sexuales con esa mujer, la señorita Lewinsky". Pero llegamos a descubrir en los meses siguientes que teníamos un presidente que, en vez de asumir la responsabilidad de algo que cualquier persona razonable habría aceptado como "conducta sexual inapropiada", comenzó a manipular el sentido de sus palabras. Al utilizar palabras que sólo podían ser descritas como acomodadizas, dúctiles o capaces de servir de acomodo a cualquier artimaña lingüística que hiciera falta, el presidente lo que hizo fue dar pie a otras preguntas. Al hacerlo, atrajo de nuevo la atención al análisis gramatical de las palabras que estudiamos en la escuela primaria.

Desde una perspectiva, el análisis sintáctico del presidente puede verse como una hábil y precisa utilización del lenguaje. Desde otra, fue claramente un mal encauzamiento verbal. Las palabras tomaron un significado enigmá-

---

*Nota del editor: Los autores citan dos escándalos de los mencionados presidentes, pero al dirigir la verdad hacia todo el sistema, debemos ser honestos y afirmar que esta situación no empezó con Nixon ni ha terminado con Clinton. La "verdad política", es decir la mentira solapada en busca de algún rédito político, ha sido una marca en muchas administraciones presidenciales en sus acciones tanto a nivel nacional como internacional. Se ha visto también cómo la "espiritualidad" ha sido usada por la "verdad política" como un instrumento para lograr respuestas masivas de las poblaciones. No es justo, por otro lado, mencionar solo las situaciones en EE.UU. de A., pues en la gran mayoría de países, en unos más, en otros menos, la verdad también es agredida y violada. Los ejemplos sobreabundan y no tendríamos suficientes páginas para enumerarlos.

tico. No podíamos seguir escuchando al presidente sin preguntarnos qué significado técnico estaba aplicando a cada palabra de su declaración.

Una consecuencia de todo esto fue que el veneno de un gran segmento de la nación se volvió contra Clinton. Desde todos los puntos de la nación surgieron clamores de inmoralidad.

Desde la derecha política se hicieron muchas afirmaciones farisaicas en cuanto al tipo de liderazgo que Bill Clinton podía ofrecer a la luz de, en primer lugar, su fracaso moral y, luego, de su falsedad y manipulación del lenguaje para evitar enfrentar su responsabilidad.

Desde la izquierda política se hizo una lógica retorcida, parte de la cual condonaba las acciones del presidente. El argumento era que la falla moral era personal, no política. Además, que el preciso uso del lenguaje era sólo eso, un uso preciso, sin la intención de engañar.

El conflicto creció en intensidad y fueron cada vez más numerosas las discusiones acaloradas en ambos lados.

Quizás lo mejor que puede decirse de esa situación es que nos confirma que la lepra emocional está proliferando y que, de no haber nada más, este momento doloroso de la historia de los Estados Unidos de América ha permitido que algunas personas comiencen a sentir de nuevo, a tener los nervios vivos y a sentir el dolor que nos advierte que hay problemas en nuestro carácter moral.

Durante ese episodio oímos hablar mucho del imperio de la ley. Como mencionamos mucho antes, esto quiere decir que todos somos iguales ante la ley; que la ley es un poder en sí misma, y que nadie está por encima de ella ni puede subvertirla. De lo que no oímos hablar mucho fue del imperio de la verdad. (De acuerdo, nosotros inventamos el nombre, pero de todas maneras la discusión del principio estuvo, lamentablemente, ausente).

Lo que sucedió en la capital de los Estados Unidos de América no fue, en realidad, diferente a la historia que consideramos en el capítulo 2 de este libro. Aquí recontamos el relato bíblico en el que los líderes religiosos trajeron ante Jesús a la mujer sorprendida en adulterio.

Los "hechos" presentados en la acusación de los líderes religiosos eran perfectamente indiscutibles. Se parecían mucho a los hechos de que acusaban al presidente Clinton, una vez que fueron hechos públicos. Pero el intento de los líderes religiosos de decir la verdad era falaz. Quisieron utilizar la verdad como algo que pusiera a Jesús en una posición que era, al menos, indefendible, por no decir perdedora. En el caso del presidente, muchos de sus adversarios políticos quisieron utilizar la verdad como un arma, en algo para destruir a un enemigo político que ya había levantado mucho odio. Los actos del presidente con una pasante, a pesar de lo despreciables que eran, no crearon un furor contra él. La oportunidad que tuvieron los enemigos del presidente de utilizar esto contra él —de dar rienda suelta a toda la hostilidad que sentían contra él, para sacarlo del poder— fue lo que creó el furor.

Definitivamente, no estamos comparando a Bill Clinton con Jesús en esta situación. Por la culpabilidad moral basada en los hechos, la comparación debe hacerse entre el presidente y la mujer sorprendida en adulterio. Jesús estaba libre de culpa ante los líderes religiosos, y legalmente distanciado de los hechos de la acusación.

Lo que sí estamos haciendo, no obstante, es comparar la manera como los líderes religiosos del tiempo de Jesús utilizaron la verdad como un arma, con la manera de cómo muchos grupos opuestos a Clinton utilizaron la verdad de los delitos del presidente como un arma. No toda la indignación moral que se veía y escuchaba era preocupación genuina por la moralidad de los Estados Unidos de América. La situación se usó en gran parte como una conveniencia política para debilitar a un enemigo, a un presidente que muchos habían llegado a odiar.

¿Cómo llegamos a esta conclusión? Muy fácilmente. ¿Fue utilizado el concepto del imperio de la verdad en el manejo del asunto? ¿Cómo pudo haber sido aplicado este concepto para crear una actitud diferente frente al escándalo, independientemente de los resultados?

Para muchos adversarios del presidente, era facilísimo señalar sus faltas sin aplicarse ellos mismos ese mismo lente moral. Situaciones y problemas que pudieron haber sido objeto del mismo escrutinio a que sometieron el caso del presidente siguieron sin ser corregidos. Fue —y sigue siendo— como si la responsabilidad moral personal —y mucho menos la moralidad general— no fuera necesaria, a menos que sea políticamente conveniente.

Esto sólo dio más peso al argumento de los defensores de Clinton, de que la conmoción no tenía nada que ver con la necesidad de que los líderes públicos se encaminaran por la senda de la verdad. De hecho, cuando siguió la difamación y ésta comenzó a manchar a figuras de ambos lados del espectro político, la reacción pareció ser que esa difamación era un asunto de carácter de mayor importancia que la falta de capacidad de las figuras públicas de lidiar con la verdad en cuanto a sí mismas.

Un héroe en la palestra

A pesar de todo, encontramos un momento particularmente conmovedor y elocuente en el proceso de destitución, cuando se acercaba el momento de realizar la votación en la Cámara de representantes. El representante Bob Livingston, de Louisiana, se excluyó a sí mismo de la corta lista de candidatos entre los que se iba a elegir al presidente de la Cámara. Livingston quería que ambos bandos le pusieran freno a la difamación y se responsabilizó por sus errores pasados como padre de familia. Él podía haber aprovechado la posición de poder con una actitud de: "Miren, todo el mundo aquí tiene trapos sucios que ocultar; por lo tanto, olvidémonos de esto". Por el contrario, enfrentó la difícil tarea de decirse a sí mismo la verdad, lo cual significó darle más atención a su familia que a su futuro político.

Fue fascinante escuchar el tono y el clamor de la respuesta a la decisión de Livingston (un republicano). Un sorprendente número de los partidarios del presidente (demócrata) le pidieron que revocara su decisión y se postulara como presidente de la Cámara de representantes. Parecían entender que la acción de Livingston echaba una nueva luz sobre sus fatales y relativistas errores.

Había entre los partidarios del presidente quienes no veían nada malo en tener una aventura extramarital con una pasante. Decían que la vida privada de alguien no afecta para nada el carácter público de la persona. Por consiguiente, la moralidad privada no tiene ningún lugar en los asuntos públicos. De hecho, los seguidores del presidente querían asegurarle a la nación que ese había sido el caso. ¿Qué tienen que ver, después de todo, los votos matrimoniales con el juramento del cargo?

Apartando la política y viendo simplemente la aplicación que Livingston se hizo a sí mismo del imperio de la verdad, él ofreció el argumento fundamental en contra del razonamiento anterior. Dijo, en efecto, que las promesas privadas son cruciales para el carácter público y que en la vida hay cosas más importantes que tener poder. Hay una manera correcta de manejar la verdad.

Al construir una sociedad, ¿se puede ignorar a las personas?

La infección que azotó al gobierno de los Estados Unidos de América en esa situación, y que ahora azota a los estadounidenses como sociedad, se debe a la pérdida sostenida y progresiva de la sensibilidad de la responsabilidad moral que tienen como individuos. ¿Qué es, después de todo, una sociedad, sino un grupo de individuos? Como individuos, nos hemos ocupado de hacer desaparecer el dolor de nuestra vida en lo personal, en lo profesional y en nuestra sociedad.

Contrariamente a lo que la gente piensa, no son estos grandes acontecimientos los que destruyen a una nación. Son los detalles, las decisiones pequeñas y los pequeños sacrificios de la verdad en nuestra vida diaria, lo que nos ha llevado a la situación en que nos encontramos.

Esta situación es una en la que sabemos que las personas están hurtando cosas del trabajo, pero no las confrontamos porque eso sería incómodo e incluso podría costarle el empleo a alguien. Es la situación en la que las personas se niegan a salir en defensa de la verdad cuando se ha cometido algún delito por temor a las represalias. Es la situación en la que vemos a familiares y amigos envueltos en conductas autodestructivas, y sabemos que hay que hacer algo pero no queremos traumas emocionales o confrontaciones en nuestra vida. Es cuando elegimos aceptar la ausencia de dolor por encima de la verdad y de la tranquilidad.

Puede que usted tenga la razón: yo podría estar loco

Sólo una tercera parte de los encuestados creen firmemente que "lo que mejor funciona para uno es la única verdad que uno puede saber"[1]. Cerca de la mitad de nosotros cree firmemente que la Biblia nos proporciona verdades morales que se aplican a todo el mundo, mientras que otro 18% está de acuerdo con que esto es así "en parte"[2].

¿Cuál es la respuesta a nuestro dilema cultural? ¿Un gran clamor para que la moralidad vuelva al tapete público? ¿Que se dicten cursos de ética para todos los que desempeñen alguna función pública? ¿Colgar los "diez mandamientos" en cada escuela? No es muy probable que estas cosas, por sí mismas, puedan producir la diferencia que muchos estamos buscando.

El cambio vendrá cuando todos comencemos a asumir nuestra responsabilidad como ciudadanos. Las semillas que transforman serán plantadas cuando hablemos la verdad en amor en cuanto a las cosas que vemos que no andan bien, no sólo en el sector público sino primero en nuestra vida personal.

Debemos restaurar el carácter en cada área de nuestra vida. Debemos criar hijos que no tengan temor de decir la verdad. Debemos empeñarnos en exigirnos responsabilidad moral personal en cuanto al uso de la verdad, como algo que favorece el crecimiento y el desarrollo y no como un arma para golpear a nuestros enemigos.

Ya hemos mencionado antes nuestra fe religiosa: somos cristianos. Nos gusta la pequeña y breve frase que nos da la Biblia en cuanto a decir la verdad cada día. Nos recuerda que toda decisión pequeña que tiene que ver con decir o escuchar la verdad tendrá una influencia sobre nuestra familia, nuestro lugar de trabajo y nuestra sociedad. Las palabras de Jesús están registradas en Lucas 16:10:

> El que es honrado en lo poco, también lo será en lo mucho; y el que no es íntegro en lo poco, tampoco lo será en lo mucho.

Las decisiones cotidianas y privadas sí impactan el papel más público

---

[1] The Barna Research Group, *Omnipoll* 1-97, tabla 14a, Ventura, California. Enero, 1997.
[2] Barna, *Omnipoll* 1-97, tabla 13b.

que tenemos en la vida. Nuestra respuesta para la recuperación de la integridad en la vida diaria no se encuentra en las grandes crisis, ya que la crisis misma no es sino el síntoma. La respuesta está en la diaria práctica de ser veraces, íntegros y moralmente responsables. Si comenzamos con lo pequeño y somos fieles en las cosas pequeñas, veremos luego progresos en un nivel más visible de nuestra sociedad.

Para convertir esto en una declaración de fe, creemos que Dios está en estos detalles. Y al ocuparnos de poner en práctica la verdad en la vida diaria, él honrará nuestros esfuerzos.

Es por eso que las ilustraciones que utilizamos en este libro y las percepciones que damos en cuanto a decir la verdad, no importa cuál sea el ambiente, son experiencias personales individuales. Son sobre el día a día, no sobre la ética de la excepción, no sobre la extrapolación lógica de conceptos hasta que éstos cambien. Son acerca de provocar la valentía necesaria para que la gente salga en defensa de la verdad, para que esté dispuesta —incluso ansiosa— por el dolor positivo y por la sanidad que surgen cuando se dice la verdad. Cada uno de nosotros debe despertarse, recuperar vida y esforzarse por mantener esa vida sin deslizarse a la charca anestésica del "deterioro de la verdad"[3] que nuestra sociedad nos ha dicho que es tan saludable.

Hay un riesgo en esta táctica. La gente puede, en realidad, considerar como una locura esto de ser veraces en el quehacer diario de la vida. Pueden pensar que usted está un poco chiflado si practica la verdad en todo. Por lo tanto, no se sorprenda. Sin embargo, en una sociedad que no está convencida de que la verdad es una herramienta para la vida y para el desarrollo del carácter, parecer un poquito —o tal vez muy— diferente de las normas culturales aprobadas podría no ser una cosa mala. El teórico francés Antonin Artaud lo expresó así:

¿Quién es un verdadero loco? El hombre que prefirió ser loco en el sentido socialmente aceptado de la palabra, en vez de perder, como castigo, una cierta idea superior del honor humano... Porque un loco es también un hombre a quien la sociedad no quiso escuchar, y a quien ella quiso impedirle que dijera ciertas verdades intolerables[4].

La vida es dura. Hay dolor, pero del dolor surge el crecimiento, el crecimiento produce carácter, y el carácter produce personas que buscan valientemente con afán la verdad en sí mismas, en los demás y en la sociedad.

Nosotros dos tenemos nuestras propias luchas con el carácter; no estamos por encima de la lucha. Pero continuamos aprendiendo que el

---

[3]Gracias a T-Bone Burnett por habernos familiarizado con este fascinante concepto.
[4]Antonin Artaud, citado por Susan Sontag, ed., en *Selected Writings*, pt. 33, (Berkeley, California: University of California Press, 1988), p. 485.

aplicar el imperio de la verdad a nosotros mismos nos ayuda a crecer.

Las máscaras que nos ponemos revelan nuestro temor a la verdad. Pero si una sociedad quiere sobrevivir, tiene que convertirse en algo más que un baile de disfraces. A riesgo de ser considerados diferentes —e incluso de ser llamados locos— llegó la hora de buscar con afán la mayor honra.

tercera parte

cómo decir la verdad en medio de una cultura de mentira

la verdad: mejor antes que después

la verdad: mejor antes que después

la verdad: mejor antes que después

la verdad: mejor antes que después

la verdad: mejor antes que después

la verdad: mejor antes que después

capítulo

9 ▶ la verdad:
mejor antes que después

> Si estamos haciendo planes para la posteridad, debemos
> recordar que la virtud no es hereditaria.
> —Thomas Paine

El tractor que había en la pequeña granja donde Steve se crió era un pequeño Ford 1952. Era un poco más grande que un tractor para el arado, pero más pequeño que el tractor del modelo abierto (sin cabina).

Don, el padre de Steve, conocía esa máquina muy bien. Cuando Steve se marchó de casa para estudiar en una universidad lejos de su pueblo, su padre y su abuelo habían reconstruido el tractor por lo menos una vez, tal vez dos.

Don había decidido que Steve supiera cómo poner en marcha el tractor. Pacientemente, y con el tiempo, por haber empezado pronto con Steve cuando éste era muy joven y haber trabajado a su lado, Don le enseñó cómo hacer los cambios de las barras de tracción, limpiar la maquinaria relacionada, reconstruir el carburador, cambiar las bujías, verificar la presión de los neumáticos, conducir el tractor y, por supuesto, medir el nivel de la gasolina y del aceite.

La mecánica no era una virtud natural de Steve. Pero reunió suficiente experiencia con las herramientas, no sólo para mantener en funcionamiento el tractor, sino además para aplicar su habilidad con las herramientas en la fabricación de cercas, techos y estructuras, años después.

Mientras tanto, en otro pueblo, Bob Donaldson sabía que su hijo algún día cortaría el césped de la casa para ganar algún dinero. En el garaje, perfecta para ese propósito, estaba una fiel cortadora mecánica, muy vistosa, de colores verde y plateado. Por lo tanto, Bob le enseñó a Devlin todo lo que tenía que saber un cortador de césped en la familia: halar la cuerda para encender la máquina, limpiar y cambiar las bujías, monitorizar el cable de la bujía, apretar las ruedas, limpiar la parte inferior de la cortadora, manejarla bien y, por supuesto, medir el nivel de la gasolina y del aceite.

La aptitud natural de Devlin para la máquina no lo habría calificado para ser un mecánico de coches de las carreras de Indianápolis. Pero su padre se mantuvo fiel, enseñándole con paciencia. Por eso Devlin aprendió cómo usar las herramientas, lo que le permitió, años más tarde, ganar buen dinero como albañil y como pintor de casas.

Note esto, por favor: En ningún momento Don Wamberg y Bob Donaldson *asumieron* que sus hijos desarrollarían naturalmente, de alguna manera, la destreza para manejar herramientas. Estos padres *enseñaron* a sus hijos qué hacer.

Es importantísimo notar esto, porque a veces parece que no asumimos nuestro papel de enseñar a la generación siguiente las herramientas de la verdad.

¿Qué estamos transmitiendo?

Hemos dedicado este libro a nuestros padres porque ellos modelaron la verdad para nosotros. Se tomaron el tiempo para hablar de los beneficios y riesgos de decir la verdad y nunca nos liberaron de la responsabilidad de actuar con la verdad: éste era un requerimiento de la vida diaria, igual que respirar.

Esto no quiere decir que decíamos la verdad todo el tiempo. Muchas veces fallamos miserablemente, pero nuestros padres inculcaron en nosotros el tipo de conciencia que no nos dejaba descansar cómodamente en el contexto de una mentira.

La idea de la conciencia moral era reforzada usualmente por la televisión de esos años. Recordamos un episodio de un programa de televisión que se llamaba "Déjaselo a Castor", que decía más o menos "Castor dice una mentira". Nuestros padres podían dejarnos por nuestra cuenta durante la media hora que duraba el capítulo, completamente seguros de que habría consecuencias y una lección aprendida por "Castor", que reforzaría la importancia de decir la verdad.

Contrastemos eso con lo que sucede hoy. Mencionando de nuevo el doloroso asunto del capítulo anterior, transcurrió casi un año en el que la importancia de la verdad se estuvo debilitando día tras día por causa de la política. Los estándares de conducta se redefinieron públicamente. La sociedad estadounidense vio que se podía mentir en cuanto a la conducta sexual y no sufrir las consecuencias, y también que si alguien era atrapado en la mentira podía, después de todo, redefinir las palabras de manera que no estuviera en realidad mintiendo.

Ese fenómeno ha tenido consecuencias dolorosas. Algunos adolescentes adoptaron la redefinición que hizo el Presidente de "relaciones sexuales" y la pusieron en práctica. "¡Oigan, el Presidente dice que la relación sexual oral no es en realidad una relación sexual!". Incluso entre algunos de los grupos de jóvenes de la iglesia con la cual nosotros dos estamos familiarizados, hubo un marcado aumento de esa experimentación sexual debido al nuevo estándar.

Conocemos el argumento común de que los adolescentes tendrán, de cualquier manera, experiencias sexuales en algún momento. Probablemente pareceremos santurrones al siquiera mencionar esto, pero lo que nos molesta es que el Presidente, en realidad, hizo que la ética de la excepción se convirtiera en la ética corriente de algunos jóvenes influenciables. Y centenares de funcionarios públicos defendieron su decisión de hacer lo que hizo.

¿Qué estamos transmitiendo a nuestros hijos? ¿Dejaremos que su perspectiva de la verdad sea cualquier cosa que les ofrezca la cultura reinante en cualquier parte del mundo? ¿O con paciencia les enseñaremos intencionalmente a desarrollar su capacidad de aprender la verdad?

Es un desafío que tenemos que enfrentar. Pero comencemos con algunas perspectivas en cuanto a lo que la nueva generación de adultos está pensando en cuanto a la verdad.

La "lectura" de la verdad

El Grupo Barna ha realizado una amplia encuesta entre adolescentes sobre temas de verdad y ética. Algunas de las preguntas fueron idénticas a las hechas a adultos en otros sondeos, mientras que otras se refieren sólo a asuntos específicos de los adolescentes.

Los adolescentes, con edades comprendidas entre trece y dieciocho años, expresaron que la integridad era una característica personal deseable. Más del 90% de los encuestados dijo que "vivir con un alto grado de integridad" era muy deseable o algo deseable para su futuro[1].

Los adolescentes que tenían una fe religiosa, o que aceptaban completamente la verdad como un valor absoluto, tuvieron mejor puntuación como grupos que creían que vivir una vida de alto grado de integridad era "muy deseable"[2]. La participación en la capacitación religiosa pareció también au-

---

[1] The Barna Research Group, *Teens 1995*, table 53a, Ventura, California. Enero, 1995.
[2] Barna, *Teens* 1995, tabla 53c.

mentar la puntuación. Los adolescentes que leían la Biblia por lo menos una vez a la semana o que participaban en estudios bíblicos semanales o en grupos de jóvenes, o que asistían a la Escuela Dominical o a la iglesia cada semana estaban cerca de un 10% más inclinados a pensar que vivir con un alto grado de integridad era "muy importante"[3].

Dicho esto, sólo la mitad del 1% pensaba que "el estado de la moral de la juventud" era uno de los dos o tres problemas que más les preocupaba. La preocupación por asuntos que tenían que ver con la educación pesaba más que la preocupación por lo moral y lo espiritual[4].

La integridad es importante para estos adolescentes. Pero, ¿sobre qué estándar edificarán su integridad? Más del 70% de los mismos encuestados estuvo de acuerdo con esta declaración: "La 'verdad absoluta' no existe; dos personas pueden definir lo que es 'verdad' de una manera totalmente opuesta y, sin embargo, estar ambas en lo correcto"[5].

El número se redujo al 60% entre los que se identificaban como "nacidos de nuevo", y a un poco más del 40% entre los que se identificaban como "evangélicos"[6].

El número se eleva al 90% entre los adolescentes que consumen drogas y a más del 80% entre los que son sexualmente activos[7].

¿Pudiera ser esto una señal de que la manera como alguien maneja la verdad influye decididamente sobre su conducta? ¿Y también que, entre la juventud de los Estados Unidos de América, una actitud de "no importa" en cuanto a las verdades absolutas podría estar llevando esa actitud de "no importa" hacia una conducta potencialmente autodestructiva?

Todavía nos persigue el recuerdo de un amigo nuestro de los días de universidad que, amargado por un noviazgo roto, se lanzó al consumo excesivo de drogas y a la perversión sexual total. "Me ceñí estrictamente a las normas, y terminé con el corazón destrozado. Entonces, esas reglas no son ya para mí"; era la constante letanía de Miguel. Las verdades absolutas no le importaban. Casi había llegado al punto en que la vida no tenía ya sentido para él.

Diez años más tarde, Miguel había muerto. La historia no tuvo un final feliz. En ese tiempo él desapareció de nuestro mapa. No quería estar en contacto con alguien que "lo había conocido cuando...". Todavía nos preguntamos de vez en cuando qué pudimos haber hecho, qué habríamos hecho de haber tenido la oportunidad.

Lo único en lo que hemos pensado, quince años después de lo sucedido,

---

[3]Barna, *Teens* 1995, tabla 53b.
[4]Barna, *Teens* 1995, tabla 58.
[5]Barna, *Teens* 1995, tabla 84a.
[6]Barna, *Teens* 1995, tabla 84b.
[7]Barna, *Teens* 1995, tabla 84a.

es que le habríamos recordado la verdad, con hechos y palabras, de que su vida nos importaba a nosotros y también a Dios.

¿Qué les estamos diciendo a nuestros hijos? ¿Que ellos son menos importantes que nuestras actividades, trabajos y sueños? ¿Que sus acciones no tendrán consecuencias? ¿Que saldrán bien de cualquier problema dando excusas? ¿O les estamos diciendo que lo que son y lo que hacen le importa mucho a Dios y nos importa a nosotros también?

¿Hemos explicado suficientemente bien la verdad para dar a nuestros hijos una idea clara de lo que parece ser y de cómo puede ser definida? Un 80% de los adolescentes encuestados coincidió con esta declaración: "Cuando se trata de asuntos de moral y ética, la verdad significa diferentes cosas a diferentes personas; nadie puede estar absolutamente seguro de que sabe la verdad"[8]. Una vez más, la perspectiva religiosa cambió los porcentajes. Entre los adolescentes que se identificaban a sí mismos como "nacidos de nuevo", el porcentaje de los que estaban de acuerdo con la declaración se redujo al 66%. Y menos de la mitad —sólo el 42%— de los adolescentes que se consideraban "evangélicos" coincidieron con la declaración[9].

Pero sigue aún la sensación de que la "verdad" es una cosa escurridiza de saber y de aplicar, aunque se crea en alguna clase de verdad objetiva. Más del 90% de los adolescentes encuestados coincidieron con la declaración: "Lo que es correcto para una persona en una situación dada, puede no ser correcto para otra en una situación parecida"[10]. Esta vez, los porcentajes no cambiaron apreciablemente para los adolescentes que se identificaron a sí mismos como "nacidos de nuevo" o "evangélicos"[11].

Esto puede significar que los adolescentes no saben cómo aplicar los principios de la verdad y de la moralidad a su vida diaria. Es posible que estén todavía luchando con convertir la ética de la excepción en la ética de la vida diaria.

Lamentablemente, tienen muchos ejemplos de adultos a imitar en la cultura de hoy, que les enseñarán cómo hacer precisamente eso.

El desafío

Entonces, ¿qué podemos aprender de lo anterior?

Francamente, no hay demasiadas sorpresas. La próxima generación de adultos tiene percepciones en cuanto a la verdad muy parecidas a las nuestras. Por ejemplo, la verdad y la integridad son vistas como valores muy posi-

[8]Barna, *Teens* 1995, tabla 86a.
[9]Barna, *Teens* 1995, tabla 86b.
[10]Barna, *Teens* 1995, tabla 95a.
[11]Barna, *Teens* 1995, tabla 95b.

tivos. Son difíciles —y, lamentablemente, pueden ser vistas como cada vez más imposibles— de vivir.

¿Dónde están las señales de esperanza en todo esto? No es de sorprenderse que los adolescentes que habían tenido conversaciones en cuanto a los valores y a la fe daban respuestas más positivas a la verdad y a la necesidad de integrar, de verdad, los valores absolutos a su vida. Los adolescentes que leían la Biblia con regularidad y que participaban en la iglesia también respondieron más favorablemente a la idea de que los valores absolutos importaban.

Nuestro desafío es éste: parece ser que la próxima generación de adultos ha aprendido de nuestra propia inseguridad en cuanto a hablar de la verdad en términos absolutos. Parece que, como cultura, hemos hecho un excelente trabajo de convencer respecto a que la ética de la excepción debe ser la ética normal. Hemos dicho: Dejen de lado todas las creencias y autentíquense ustedes mismos a través de la acción, aunque esa acción no tenga ninguna base en la búsqueda del bien para ti mismo ni para los demás. Los valores absolutos de hoy pueden estar fuera de moda mañana; por lo tanto, ¿por qué tenemos que ser quisquillosos en cuanto a los absolutos? ¿Qué podemos hacer, entonces, para asegurar el futuro de la verdad para las siguientes generaciones?

Puntos de acción

No es nuestra intención hacer una lista de exigencias imposibles para enseñar la verdad a la próxima generación de adultos. No obstante, he aquí cuatro cosas que usted puede hacer para ayudar.

1. *Hable regularmente con los niños con quienes está vinculado, en cuanto a la fe y a los valores, incluyendo la importancia de la verdad.* Ya sea un padre, un maestro de Escuela Dominical o un vecino, ayude a los niños que están a su alrededor a comprender que la verdad importa. Ayúdelos a entender lo útil que es la verdad en la creación de confianza en todas las relaciones.

Javier notó una tarde que le faltaban unas monedas que tenía en su gavetero. También notó que su hijo Joel, de seis años, estaba limpiándose los restos de una barra de chocolate bien grande que se había comido cuando volvió del supermercado con su madre.

Estaba bien que Joel comprara barras de chocolate de vez en cuando, pero sólo con su propio dinero. Javier vio que Joel había gastado su mesada en la compra de un pequeño juguete el fin de semana anterior. Por lo tanto, Javier lo conversó con Margot, su esposa. Joel le dijo a su mamá que el dinero que había usado para comprar la barra de chocolate era suyo. Entonces Javier confrontó a Joel con delicadeza, mirándolo fijamente a los ojos.

—Hijo, ¿tomaste el dinero de mi gavetero para comprar la barra de chocolate hoy, verdad?

El niño abrió la boca lo más que pudo, y luego asintió lentamente con la cabeza.

—Joel, ¿le mentiste a tu mamá en cuanto al origen de ese dinero, no es verdad?

De nuevo, Joel asintió con la cabeza.

—De habérmelo pedido, es posible que te lo hubiera dado. Pero ahora me lo has robado y luego le mentiste a tu mamá. Eso hace que sea difícil para mí confiar en ti como antes.

»Pero, quiero que sepas algo: yo nunca te mentiré porque quiero que confíes en mí. Y tú puedes ayudarme a confiar en ti si dices la verdad a todos, especialmente a todos los de tu familia. Eso es lo que todos esperamos. ¿Tratarás de hacerlo?

Javier no explotó; simplemente le planteó los términos del acuerdo social que había en la familia.

2. *Sea veraz y digno de confianza en su relación con los niños sobre los que tiene influencia.* Uno de los principios básicos de la vida es que la verdad entre las personas genera confianza. Sea un modelo de esto; cumpla con lo que les promete. (Ése es nuestro recordatorio especial a los padres como nosotros, que muchas veces nos preocupamos más por cerrar un negocio que por apartar tiempo para ir al fútbol o a alguna otra actividad con nuestros hijos. Suficiente con lo dicho).

"Maestra Sánchez, usted nos dijo que tendríamos recreo afuera si terminábamos nuestros ejercicios de matemática".

"Mamá, me prometiste que me ayudarías con este proyecto de economía doméstica".

"Señor Ramírez, usted dijo que podíamos comprar unas pizzas con el dinero extra que recibimos en la actividad de recaudación de fondos".

"Papá, tú dijiste que me llevarías al juego de fútbol hoy. ¿Por qué no te has alistado?".

Lo entendemos. Nos gustaría que nuestros niños escucharan también nuestros deseos, así como nosotros escuchamos lo que ellos quieren que hagamos. Pero para ganar esa clase de respeto tenemos que cumplir con nuestras promesas y nuestros compromisos.

3. *Cuénteles historias suyas acerca de la verdad y de la influencia que ellas han tenido en su vida.* Parece que hemos olvidado cómo contar nuestras

historias a la próxima generación de adultos. La creencia —casi universalmente equivocada— es que nuestros hijos no están interesados en lo que nosotros hemos aprendido de la vida. Pero cuando usted coloque las lecciones aprendidas de la vida en el contexto de un relato de su vida, le sorprenderá comprobar lo receptivo que se vuelve su "auditorio". (No olvide incluir en la mezcla relatos de su trabajo o historias en cuanto a lo que ha tenido que enfrentarse en la cultura).

El abuelo de Steve, Roy, les contaba a cada uno de sus siete nietos la historia de cuando fue sorprendido fumando detrás del gallinero de la casa. En ese momento tenía nueve años.

Roy había planeado hacerlo cuando estuviera seguro de que su padre estaría lejos de la granja. Pero después de unos cuantos golpes al tabaco, escuchó unos pasos fuertes y familiares que se acercaban a él. La reacción de Roy al momento de crisis fue esconder el tabaco, todavía encendido, detrás de su espalda.

—Roy, ¿se está quemando algo?

—No lo sé, papá.

Aquel padre no era ningún tonto. Podía ver el humo que salía de la parte posterior de su hijo y que no estaba precisamente formando un halo sobre la cabeza de Roy en ese momento.

—Me parece que se trata de un cigarrillo. ¿Dónde lo conseguiste?

—¿Qué? ¿Un cigarrillo?

Eso fue un grave error. Su padre aborrecía terriblemente la mentira, por lo que lo llamó a cuentas y, como castigo, hizo que terminara de fumarse el cigarrillo.

Cuando Roy les contaba esta historia a sus nietos, lo hacía con todos los detalles: de cómo se las ingenió para robarle el tabaco a su padre; de cómo escogió el momento en que su padre no estuviera cerca para que no lo descubriera; de lo adulto que se sintió cuando encendió por primera vez el tabaco; de lo mal que estuvo después de fumárselo todo bajo el ojo vigilante de su padre y de lo estúpido que había sido mentirle. La historia que Roy les contaba era fascinante, pero lo más importante era que ellos podían escucharla cara a cara. Era una historia de cuando el abuelo era un niño como ellos, y una lección que le enseñó a decir la verdad. Eso, más que cualquier otra cosa, es lo que la hacía inolvidable a sus nietos.

4. Lleve a la iglesia a los niños sobre los que tiene influencia, y también lea la Biblia con ellos. Las estadísticas no mienten: los niños que están involucrados regularmente en las actividades de la iglesia tienen una mejor actitud hacia la verdad y los valores absolutos. Ellos también necesitan entender que la iglesia y la Biblia son, para usted, fuentes de apoyo ético y moral.

Para nosotros, quienes forman parte de nuestra familia espiritual son esenciales en el refuerzo de los valores positivos en nuestros hijos, entre ellos la práctica de la verdad. Nosotros también nos esforzamos por ser ejemplos positivos para los hijos de las demás personas de nuestra iglesia.

Las enseñanzas que reciben nuestros hijos en la iglesia abren la puerta a conversaciones acerca de la importancia de la verdad y acerca de nuestra convicción de que la Biblia es una fuente importante de verdad para la vida diaria. Para nosotros ha sido un verdadero placer compartir con nuestros niños las historias que tanto nos gustan de la Biblia y recordarles que esos relatos se aplican a la vida real.

De vuelta a lo esencial

En tanto que preparamos a las futuras generaciones para que ocupen nuestro lugar, nosotros los adultos tenemos que aplicar el imperio de la verdad: poner el lente de la verdad en nuestras ideas y acciones antes de que podamos darles las herramientas para que "actúen conforme a la verdad".

Las generaciones futuras tienen que entender que la verdad puede estar presente en sus lugares de trabajo, a veces tan llenos de falsedad. Tienen que ser testigos de cómo la verdad puede ser de bendición para el matrimonio y en la crianza de los hijos. Tienen que experimentar el beneficio de actuar con la verdad, ya sea recibiendo un elogio bien merecido o unas simples gracias por haber hecho lo correcto.

Necesitan saber que cuando usted les dice la verdad es para ayudarlos, no para evitar que desarrollen el potencial que Dios les ha dado. Y tienen que aceptar el dolor de escuchar la verdad y de que se les enseñe la manera correcta de actuar siempre con la verdad.

No es tan diferente de lo que veíamos hacer a nuestros padres cuando le daban vuelta al tornillo de ajuste de una herramienta antes de entregárnosla. Confiábamos en que nos estaban mostrando cómo utilizar correctamente la herramienta; y cuando el motor prendía y funcionaba, tal como ellos nos dijeron que sucedería, sabíamos que nos habían dicho la verdad.

capítulo

10 ▶ un resumen:

catorce estrategias para volver a ser íntegros en la vida cotidiana

> La verdad es el clamor de todos, pero el juego de sólo unos pocos.
> —George Berkeley

Había una vez una misionera —llamémosla Clara— que servía en una aldea de África. Ella sentía que había tenido mucho éxito en la comunicación de los principios de su fe a los nativos.

El problema era que ella nunca había observado realmente un cambio en su conducta. Esto, lógicamente, preocupaba a Clara, por lo que una tarde decidió tener una conversación con una de las mujeres de la aldea mientras éstas estaban preparando una comida para toda la comunidad.

—Silvia —comenzó diciendo la misionera—, ¿soy tu amiga, verdad?

La esposa del jefe de la comunidad sonrió, y dijo:

—Por supuesto que sí —y ladeó la cabeza hacia otro lado, al tiempo que examinaba el rostro de la fiel misionera—. ¿Por qué me lo preguntas?

—Porque me parece que no estoy influenciando las vidas de ustedes. En realidad, a veces pienso que he desperdiciado todos estos años que he pasado aquí.

—¿Por qué dices eso?

—Simplemente, por la manera como ustedes viven normalmente. Vienen a la iglesia los domingos y parecen aceptar lo que les enseño, cosa que aprecio. Sin embargo, durante la semana muchos de ustedes visitan al brujo, y algunos siguen rindiendo culto a sus dioses locales. Incluso, he bautizado a algunos. Entonces, ¿qué debo hacer para que la fidelidad a Dios sea parte de la vida diaria de ustedes?

—Hay algo que pudieras hacer. Nos pides que estemos de acuerdo contigo en cuanto a Dios, y quizás lo que está haciendo falta es que nos digas cómo quiere él que vivamos cada día. El brujo nos dice lo que él espera que nosotros hagamos todos los días. Nos dice exactamente qué tenemos que hacer para agradar a los dioses —cosas muy prácticas—. Estoy de acuerdo contigo, Clara, en lo maravilloso que es tu Dios. Pero no parece que él estuviera muy interesado en nuestra vida diaria. Tal vez pudieras decirnos lo que él espera que hagamos. ¿Podrías hacer eso?

El resto de las mujeres que estaban alrededor inclinaron su cabeza en señal de aprobación.

Clara estaba sorprendida. Había comunicado bien los principios de su fe pero por muchos años había olvidado lo importante que era que la gente conociera las estrategias diarias de la fe que ella profesaba.

No es nuestra intención darle a usted ahora mismo un curso sobre evangelización misionera, pero todos estamos conscientes de que no estaríamos siendo útiles para nada si no ofreciéramos algunas ideas prácticas que pudieran ayudar a hacer de la verdad una práctica de todos los días. Es por eso que hemos incluido este resumen en este libro. Queremos darle a usted las herramientas que le sirvan realmente para decir siempre la verdad, no importa el costo.

A lo largo del libro presentamos cada una de estas estrategias, pero ahora queremos ofrecerlas todas juntas porque creemos que es importante que usted tenga una manera de repasarlas todas en un solo lugar. Así que, comencemos.

Estrategia # 1: Entender el poder de las palabras

El lenguaje tiene limitaciones. Lo que usted dice —y lo que no dice— afecta la manera como es entendida la verdad que usted quiere comunicar.

Hay tres sencillas realidades en cuanto al lenguaje, que son el resultado de generaciones de investigación por parte de personas que han estudiado la naturaleza del lenguaje. No son nada mágicas. Examinémoslas a continuación:

1. *La palabra no es lo importante*. Esto quiere decir simplemente que el lenguaje es el lenguaje, no la realidad que él describe. Cuando usted dice la verdad, tiene que entender que sus palabras carecen de significado si no hay una realidad que las respalde.

2. No se puede decir todo de todo. ¿Recuerda la vieja frase: "la verdad, toda la verdad, y nada más que la verdad"? Pero hay un problema con esto de "toda la verdad", ya que se trata de toda la verdad que mejor puede uno decir y no se puede decir otra cosa que no sea la verdad. Pero ningún observador puede decir todo de todo.

3. Uno puede acabar hablando mucho y no decir nada. Una de las limitaciones del lenguaje es que, en realidad, uno puede hablar mucho y terminar diciendo nada. El mero hecho de decir algo con palabras no quiere decir necesariamente que eso tenga algún valor.

Todo se reduce a lo siguiente: la naturaleza misma del lenguaje debe bastar para volver humilde al más osado exponente de verdades que exista. Debe servir para recordarnos que por más perfecta que sea nuestra capacidad de comprensión, nuestra manera de expresar la verdad jamás será perfecta.

Estrategia # 2: Si hay un problema, dígalo

La gente se queja, a veces, de que nuestra sociedad es excesivamente ordinaria y en eso estamos de acuerdo en gran parte. En cuanto al asunto de decir la verdad, nos parece que somos excesivamente considerados. En realidad, somos unos cobardes.

¿Qué hacemos cuando vemos un problema? ¿Estamos dispuestos a enfrentarlo con franqueza o preferimos dejar que siga *ad infinitum* por conveniencias?

Algunos de nosotros incluso damos largas a confrontar a nuestros hijos por problemas que vemos en su conducta. No está bien que nuestros hijos desarrollen la expectativa de que conseguirán todo lo que quieren, ya sea en el supermercado o mientras la familia decide a dónde irán a almorzar. Los niños tienen que aprender a aceptar que no siempre tendrán lo que quieren. Sin embargo, en vez de enfrentar las muecas y los lloriqueos de los hijos —y la responsabilidad consiguiente de rechazar tal conducta— los padres muchas veces ceden para ahorrar energías para otra batalla.

Eso no está bien. ¿Qué sucede si su hijo finalmente tiene esa misma actitud con sus amigos, o con los familiares de éstos? El no querer enfrentar con la verdad problemas tan sencillos como éstos, algo fundamental en el compromiso social, prepara lamentablemente a nuestros hijos para el fracaso en sus relaciones con los demás.

Con esto no queremos decir que asumir el reto es fácil. Como padres, enfrentamos este problema casi a diario. Pero no cometamos el error de creer que es bondad nuestra falta de disposición de decirle a alguien una verdad difícil. Tampoco debemos cometer el error de creer que es falta de amor el decirle a alguien una verdad difícil.

Tenemos que aceptar la responsabilidad de decirnos a nosotros mismos la verdad cuando veamos un problema. No tenemos necesidad de magnificar el problema, pero debemos estar seguros de que lo que empieza como un pequeño problema no se convierta en uno mayor, y de que los problemas mayores no se conviertan en un peligro para la integridad de nuestros hogares, lugares de trabajo o la sociedad en general.

Estrategia # 3: Si no hay un problema, dígalo

También hay algunos que quieren ver problemas donde no los hay. Es muy importante que quienes no ven ningún problema, lo digan.

Cuando María se acercaba a la edad mediana estaba convencida de que Josué, su esposo, lentamente se estaba "desenamorando" de ella. Lo poco que antes conversaban se había reducido a un nivel inexistente. Josué parecía vagar por la casa con ira contenida. Su sentido del humor —la cualidad por la cual María se había sentido atraída por Josué— había desaparecido del hogar.

María asumió de inmediato que, por alguna razón, ella era el problema. Durante varias semanas se estuvo autoevaluando y después echándose la culpa por todas las cosas que debió estar desatendiendo para haber puesto a Josué de ese humor todo el tiempo. Entonces comenzó a perder peso y a mantener la casa impecable. Se puso a cocinar muchísimo y constantemente estaba preparando nuevos platos. Josué la felicitaba y la estimulaba de vez en cuando por todo eso, pero seguía, sin duda, preocupado por algo.

Por fin, Josué dijo:

—Querida, ¿te sientes bien? Todo lo que estás haciendo es excelente. La casa luce mucho mejor, te estás cuidando más, y a mí me encanta regresar a la casa y encontrar la comida caliente. Pero, ¿no te estás agotando? ¿No necesitas tomar las cosas con un poquito más de calma? No hay ninguna razón para que *ambos* nos estemos agotando.

—¿*Ambos*? ¿Qué quieres decir?

—¡Ah, el trabajo ha sido sencillamente brutal durante estos meses! No te había dicho nada porque no quería que te preocuparas.

Pero la verdad es que el no decir nada había inquietado más a María que lo que la habría inquietado una explicación de lo que estaba sucediendo.

Una esposa puede imaginar que su esposo está pensando dejarla, cuando él simplemente está preocupado porque está pasando por un tiempo difícil en su trabajo. La otra cara de la moneda es que el empleado puede creer falsamente que su puesto está en peligro cuando su jefe está teniendo problemas en su hogar. Los niños rara vez superan un conflicto con alguno de sus padres tan rápidamente como lo hacen ellos.

En cada uno de estos casos, la verdad es evidentemente la sanadora. Y cuanto más pronto se diga la verdad, mucho mejor. Hay que decir la verdad lo más pronto posible para evitar las interpretaciones equivocadas y las posibles heridas en aquellos que necesitan escucharla. Por lo tanto, hágase usted mismo, y hágales a los demás que están a su alrededor, un gran favor: si no hay ningún problema entre usted y ellos, dígaselo. Actúe de igual manera si usted no halla ningún problema en el desempeño de los demás en su trabajo, en el hogar, en una amistad, e incluso en la iglesia.

"Ningún problema" es por lo general una buena noticia, ¿no lo cree? Entonces, es una noticia que vale la pena mencionar.

Estrategia # 4: Dilucidar, no apaciguar

Si usted ha tomado la decisión de aceptar la responsabilidad de decir la verdad en una situación difícil, está a punto de entrar en una de las áreas más delicadas.

Mirta era, sin duda alguna, muy irritante cuando se dirigía a la mayoría de las personas. Constantemente interrumpía a los demás en la plática, y una vez que comenzaba a hablar no paraba un momento, impidiendo que los demás participaran en la conversación.

Margot la estuvo observando durante algunas semanas y se dio cuenta de cómo la rehuían físicamente los demás. Por fin, tomó la decisión de decirle a Mirta cómo la veían sus colegas de trabajo.

Hicieron falta tres intentos para que Margot pudiera decir lo que pensaba. Primero, trató de comenzar lentamente diciéndole:

—Mirta, quiero hablar contigo de algo.

Mirta se disparó a hablar.

—¿No es maravilloso tener a alguien con quién hablar? La verdad es que últimamente he tenido problemas tratando de que alguien venga a hablar conmigo...

Margot la paró en seco.

—Mirta, de eso es que quiero hablarte. Tienes que escucharme.

Mirta comenzó a hablar de nuevo:

—Oh, escuchar es realmente importante, ¿no? Yo me siento mucho mejor cuando la gente me escucha...

En ese momento, Margot pudo haber dejado continuar a Mirta como lo había hecho antes durante todos los años de amistad que habían tenido. Sin embargo, esta vez le dijo calmadamente, pero con firmeza:

—*Deja ya de hablar y no abras la boca hasta que yo te lo diga.* Piensa en lo que estás haciendo. He tratado de hablar, y no me has dejado. Es por esa razón que tus compañeros de trabajo te están evitando.

Margot pudo entonces decir lo que quería y ayudar a Mirta a conversar de una manera civilizada con sus compañeros de trabajo durante los meses siguientes. Tenemos que admirar la perseverancia de Margot a favor de su amiga y su determinación de decirle la verdad.

Es muy propio de la naturaleza humana el desear aliviar la carga por el bien de la persona a la que uno le está hablando. Pero no debe hacerse. Sí, queremos que usted siga siendo considerado, pero no queremos que lo sea tanto, al punto de neutralizar la necesidad que tiene la persona de aceptar la verdad que usted le está diciendo y de actuar en consecuencia.

Sea claro en cuanto al problema. Por lo general, es mejor no complicar la historia hablando de la razón por la cual están las cosas como están. Es mucho mejor enfrentar el presente, dilucidar lo que haya que dilucidar y dar estímulo para el logro de ese fin. Después podrá retroceder a la causa si el problema —y la verdad— lo requieren.

Estrategia # 5: Dilucidar, no hacer quedar mal a los demás

Hay que considerar un aspecto más cuando usted dilucida algo. No deje que sus sentimientos que rodean una situación empañen la verdad. Asegúrese de que va a lidiar con hechos, no con opiniones o emociones.

Tenemos que tener especial cuidado si nuestros sentimientos se inclinan a pintar a alguien como un villano en una situación determinada. Puede ser tentador convertir a alguien en un chivo expiatorio cuando las cosas se ponen difíciles. En nuestro intento por ayudar a alguien a aceptar la verdad, es fácil crear una apertura con esa persona echándole a otra la culpa por la situación.

Usted me entiende. Rolando es una fuente permanente de problemas en el comité de actividades sociales de la empresa donde ustedes trabajan. Cuando Martín reacciona con enojo a un comentario malicioso hecho por Rolando, la reacción común puede ser: "Rolando se lo merecía". El razonamiento es éste: "Sé que sólo estábamos respondiendo a lo que Rolando hizo. No hay ninguna necesidad de que ninguno de nosotros esté en esta situación. Martín no se puede culpar por lo que hizo. Todos habríamos perdido los estribos".

Bien, pero la verdad es que no todos perdieron los estribos. Martín sí perdió los estribos. Y ahí está el problema: No podemos culpar a Rolando por los berrinches de otro. Tenemos que ayudar a la persona que tiene problemas con su carácter a responsabilizarse por sus hechos.

¿Conclusión? Se honra más la verdad cuando se clarifica quién es el responsable de una acción incorrecta. Puede haber causas subyacentes —causas que pueden incluso parecer justificadas— para que alguien actúe de cierta manera. Pero la situación sólo se clarifica cuando los que son responsables de hechos negativos son confrontados individualmente con su responsabilidad, independientemente de cómo hayan actuado los demás.

Estrategia # 6: Dar el reconocimiento debido a quien se lo merece

¿Es usted un "efusivo"? ¿Felicita a las personas a tal grado que ya no creen que sus elogios por algo que han logrado sean sinceros? ¿O es usted un indiferente, alguien que se niega a decir "¡Bien hecho!" a un hijo o a algún colega, simplemente porque espera siempre una cierta medida de éxito en lo que los demás hacen?

En cualquier caso, esta estrategia en cuanto a la verdad le hará a usted algún bien. Hace falta disciplina para dar el reconocimiento debido a quien se lo merece. Esta disciplina involucra los hechos que giran alrededor de un trabajo bien hecho. De modo que su misión, si decide aceptarla, es vincular al elogio con el hecho específico. Ni más ni menos.

"¡Manuel, lo hiciste muy bien en esa prueba de matemática! ¡Haber pasado de una baja calificación a una calificación alta es maravilloso!".

"Simón, la presentación que hiciste en el comité esta mañana fue clarísima. Creo que las notas que repartiste nos mantuvieron concentrados a todos. Por primera vez, no sentí que estábamos desperdiciando el tiempo de la empresa comiendo rosquillas encerrados en una sala de conferencias. ¡Gracias!".

Esta estrategia es clave para dar un estímulo realmente útil. El niño que escucha un elogio específico basado en algo que hizo bien —como un deber escolar, una tarea en la casa o por llevarse bien con su hermana— está en el camino de repetir esa conducta positiva. Una colega de trabajo que escucha nuestra gratitud por la parte que tuvo en hacernos el trabajo más fácil se sentirá mejor en cuanto a nosotros, nuestras relaciones y, probablemente, en cuanto al lugar donde trabajamos juntos.

Una última cosa: ¿Cuándo fue la última vez que usted reconoció el trabajo bien hecho por su pareja en el hogar?

Estrategia # 7: Corregir lo que haya que corregir

Esto pudiera parecer una repetición de los puntos anteriores (estrategias 4 y 5) de "Dilucidar, no...". A pesar de que hay una conexión natural con estos puntos, su aplicación pudiera ser diferente. Los puntos anteriores tienen que ver con *confrontar claramente* y *asignar responsabilidades* en una situación difícil. Pero este punto se refiere a *ofrecer corrección* dando consejos prácticos de cómo hacer mejor las cosas.

Esto debiera ser bastante sencillo. Así como hay que dar el reconocimiento debido a quien se lo merece, el dar corrección involucra la disciplina de vérselas con los hechos. Por eso, una vez más, la misión de usted, si decide aceptarla, será vincular la corrección con los hechos. Ni más ni menos.

"Manuel, parece que tienes que estudiar más matemática. Me parece, por lo que dice esta prueba, que estás teniendo problemas para entender las fracciones, especialmente los números quebrados. Vamos a hablar de esto para ver si puedo ayudarte a entenderlos mejor". (Si no puedo, tendré una buena razón para contratar un maestro).

"Simón, la cantidad de tiempo que inviertes tomando agua le da la impresión a muchos aquí que no estás trabajando lo suficiente. Estoy satisfecho con el esfuerzo que haces, pero quizás debieras recortar los recesos. Estás dando una mala impresión a algunas personas que te respetan".

Esta estrategia es clave —incluso crucial— al dar un consejo o corrección realmente útil. El niño que recibe una corrección basada en hechos —por errores cometidos en sus deberes escolares, por tareas no hechas en la casa o por no llevarse bien con sus hermanos— está recibiendo la información que necesita para evitar problemas en el futuro. Y un colega que escuche consejos prácticos de usted, en cuanto a cómo ser un mejor compañero de trabajo, terminará dándole las gracias por la inversión que usted ha hecho en su futuro.

Pero, recuerde esto: una vez que usted comience a dar corrección a los demás, mejor será que esté preparado para recibirla también.

Estrategia # 8: Sea sincero con el origen de su problema

Ya nos hemos ocupado de la necesidad de decir la verdad en cuanto a las personas y a los problemas que nos rodean. Ahora tenemos que hablar de algo más: una de las estrategias para poder decir la verdad es ocuparnos honestamente de nuestros problemas. Esto significa, la mayoría de las veces, que tenemos que ser sinceros con nosotros mismos. En otros casos, significa que tenemos que hablar con franqueza a quienes nos crean problemas.

Entienda esto, por favor: la estrategia no es echarle la culpa a alguien. Esta estrategia tiene que ver con lo que hay que hacer para que una relación mejore.

Supongamos que Viviana, su amiga íntima, siempre llega con retraso al punto donde usted la recoge para llevarla al trabajo en su automóvil. La incapacidad de ella de llegar a tiempo está perjudicando su llegada a tiempo al trabajo. Antes, cuando llegaban tarde a sus clases en la universidad, el asunto no importaba mucho. Pero ahora hay un salario en juego, no sólo el de ella, sino también el suyo. Usted necesita que Viviana esté a tiempo en el lugar donde la recoge.

Viviana sigue llegando tarde, y usted, que se mantiene callada para mantener la amistad, está a punto de desarrollar una úlcera y casi no puede contener su ira cuando ve a Viviana. Entonces, ¿qué piensa? ¿No cree que llegó la hora de enfrentar el origen de su problema? Esperamos que sí, porque, en realidad, su amistad con Viviana dependerá de esa conversación. Para mantener su relación viva, tiene que hablarle del problema que ella le está creando.

Al mismo tiempo, queremos que recuerde que Viviana no es absolutamente responsable de la incapacidad que usted tiene de rechazar ese segundo pedazo de pastel de chocolate. Esa es una conversación que usted tiene que tener consigo misma.

Estrategia # 9: Reconozca el origen de sus éxitos

Nosotros creemos que el hombre o la mujer que salió adelante por esfuerzo propio es un mito. Una de las estrategias más importantes en cuanto a decir la verdad es, entonces, que usted reconozca el origen de sus éxitos.

Esta estrategia no sólo lo mantendrá humilde, sino además agradecido. No se trata de un ejercicio de falsa humildad, sino del reconocimiento sincero de que hay personas que han hecho una contribución positiva en su vida.

Es tentador, a veces, adjudicarse todo el crédito por los éxitos personales. Otras veces es tentador rechazar una felicitación sincera cuando usted realmente la merece. En cualquier caso, su integridad personal estará comprometida, porque no está diciendo la verdad, o quizás no está oyendo la verdad acerca de usted mismo.

Una de las mejores cosas que se puede hacer en casos así, es reconocer la contribución de los demás. Piense honestamente en todas las personas que le han ayudado a tener éxito. Tal vez su maestra de tercer grado de primaria tuvo que ver algo con lo que usted es ahora. Quizás un entrenador de fútbol infantil le enseñó una valiosa lección moral. La mayoría de nosotros podemos dar gracias a uno de nuestros padres, o a ambos, por algunos aspectos positivos de nuestra vida. Y tal vez un compañero de trabajo le dio una idea importantísima para prever mejor la curva de ventas del próximo trimestre.

Cualquiera que sea el caso, permita que los demás sepan quiénes fueron las personas que le brindaron su ayuda.

Estrategia # 10: Tacto no es lo mismo que mentiritas blancas

¿De qué manera hace usted saber a una persona que no está de acuerdo con ella sin herir sus sentimientos? Muchos de nosotros preferimos que la persona no lo sepa. A veces nos quedamos callados y otras veces soslayamos un desacuerdo recurriendo a evasivas verbales.

La sociedad llama "mentiritas blancas" a estas evasivas. Todo el mundo dice que hay que decirlas para evitar el mal mayor de herir los sentimientos de alguien. Pero nosotros creemos que el tacto exige estrategias diferentes.

Supongamos que su hija de seis años le prepara a usted un pequeño pastel en su horno de juguete. ¿Creemos que es bueno alabarla por el pastel? Sin duda alguna. ¿Creemos que es bueno decirle que debiera pensar en la posibilidad de abrir su pastelería para que venda pasteles preparados en el horno de juguete? Por supuesto que no. ¿Por qué no? Porque lo que su hija necesita oír es que a *usted* le encanta ese pastel. Ella quiere que usted se concentre en ese momento, en ese regalo especial que ella le está dando —no en una historia fantástica de cómo los pasteles pueden empaquetarse y venderse al público—.

Es esa clase de enfoque el que debemos llevar a la vida diaria. Si un colega de trabajo viene a usted con un informe deficiente, el tacto exige que le haga una amable crítica constructiva. Usted podría engañar a su colega diciéndole: "Realmente me gusta el informe. Creo que lo harás bien en la reunión con este informe. No cambies nada".

Las mentiritas blancas demuestran que no le hemos dado a la situación inmediata, o a las personas que nos rodean, la atención que merecen.

Estrategia # 11: La verdad no es lo mismo que un ataque total

Ya hemos discutido el tema de la verdad como un arma. Usted puede revisar el capítulo 2, si desea volver a ver la discusión. Esta estrategia nos dice que debemos utilizar la verdad como un agente sanador.

El desafío aquí es posicionar la verdad de modo que traiga sanidad en todas las situaciones. Esto no significa, como usted debe saber bien a estas alturas, que la verdad no sea dolorosa. Lo que sí significa es que la verdad tiene que ser aplicada específicamente para el bien de los demás.

Un ejemplo común probablemente serviría bien aquí. Supongamos que usted ha llegado a la edad mediana. Visita al médico, y en la cita éste se vuelve a usted y le dice:

"Usted está demasiado gordo. Tiene suerte de que su presión sanguínea no haya llegado todavía al máximo. Pierda peso o se morirá, señor Sapo".

Todo esto puede ser cierto, pero tales palabras, por más desafiantes que puedan ser, son presentadas más como un ataque que como un procedimiento sanador. Para la mayoría de los pacientes, un método que ataca puede ser, en realidad, menos desafiante que uno que estimula. Todo el mundo necesita aliento y esperanza de vez en cuando.

¿Qué tal sería si el médico abordara el asunto de la siguiente manera?

"Usted sabe, todas las personas cuando pasan de cuarenta años de edad comienzan a tener sus problemas, y a algunos de nosotros nos causa sorpresa lo que le sucede a nuestro cuerpo. Pero la buena noticia es que perder peso no es tan difícil como parece, y los beneficios que trae al corazón y a la salud en general bien valen el esfuerzo. Usted necesita hacer ciertos cambios, comenzando hoy, para perder peso. Ya es hora de que se dedique a practicar uno de sus deportes favoritos, algo que pueda hacer dos o tres veces por semana, al mismo tiempo que reduce el consumo de alimentos dañinos. Creo que veremos buenos progresos muy pronto".

Todo esto es también cierto, pero es claro que la meta de estas últimas palabras es curar, no atacar. Y recuerde esto por favor: las palabras dirigidas a curar no son sólo asunto del consultorio médico.

Estrategia # 12: Sea específico con lo negativo

En la vida de todo el mundo llega un momento cuando queremos tener una conversación franca con alguien para hablarle de su necesidad de cambiar. Pero, a veces, por nuestro entusiasmo de ayudar a alguien, nos olvidamos de nuestra propia necesidad de prepararnos para la confrontación.

Cada vez que ofrezcamos corrección a alguien, es fundamental que seamos específicos en cuanto a lo que queremos que se corrija. ¿Por qué razón?

¿Se acuerda del entrenador que le dijo: "Realmente, necesitas jugar mejor", sin decirle en qué parte del juego necesitaba mejorar? ¿Y del supervisor que le dijo: "Necesito ver más rendimiento en ti", sin decir de qué manera debía usted lograrlo? ¿Cómo se sintió usted después de esa conversación? ¿Listo para conquistar el mundo, o listo para declararse en retirada de una vez?

El mejor entrenador fue el que pudo decirle a usted, específicamente, que necesitaba dirigir hacia adentro los dedos de los pies para que pudiera correr más rápido. Fue el que entraba con usted en la cancha para enseñarle cómo patear la pelota para ganarle a su competidor. El mejor supervisor era aquel que le daba detalles de cómo presentar el informe de la mejor manera, o cómo llevarse bien con el vicepresidente de la empresa.

Esto significa, a veces, que tendremos que preparar una lista, cosa por cosa, de lo negativo que esperamos confrontar en los demás (a pesar de que nuestra memoria ya no funcione tan bien). La otra ventaja de preparar una lista específica es ésta: si usted no logra ser específico en lo que necesita ser corregido, lo más probable es que no haga falta la confrontación en absoluto. Entonces el problema no está con esa persona, sino con la percepción que usted tiene del asunto.

Es por ello que esta táctica es un componente crucial de su estrategia al poner en práctica el imperio de la verdad propuesto en este libro.

Estrategia # 13: Acentuar lo positivo

De acuerdo, tomamos esta estrategia de una vieja canción, pero funciona.

La verdad no siempre es negativa. De hecho, en casi todas las personas, y en la mayoría de las situaciones, hay muchas cosas buenas que destacar. Con todo, señalar lo bueno puede ser una disciplina difícil.

Dependiendo de quien sea su referencia, normalmente se cree que por cada comentario negativo que uno hace, hacen falta de siete a diez comentarios positivos para que la otra persona se sienta bien en cuanto a sí misma. Por la experiencia que nosotros tenemos, parece ser que son necesarios por lo menos dos comentarios positivos por cada negativo, para que la persona se sienta alentada cuando se encuentra en una situación difícil.

Esta estrategia es crucial en circunstancias que parecen ser negativas en su mayor parte. Si no existe una base para construir sobre ella una plataforma positiva, es casi imposible tomar una acción positiva. No estamos proponiendo que usted se convierta en un eterno optimista pero sí creemos que es importante, en la mayoría de los casos, que usted ayude a los demás a reconocer que una situación ofrece esperanzas, aunque parezca que no las hay. ¿Por qué razón? Porque ésa es la verdad en la mayoría de las situaciones.

Dicho esto, no espere que ocurra un desastre para ofrecer una verdad positiva relevante a las circunstancias y a las personas de su entorno.

Estrategia # 14: La verdad es una práctica y un principio

Si usted aprendió una cosa en este libro, esperamos que sea la necesidad de poner en práctica la verdad. Aunque este libro comenzó como una conversación de café, no queremos que se quede allí.

Es increíble que tantas personas, de experiencias y ambientes tan diversos, estén de acuerdo, en principio, con que la verdad es importante para la vida normal diaria. Pero es igualmente sorprendente que tantos de nosotros, que estaríamos dispuestos a luchar a brazo partido por el principio de la verdad, no tengamos en cuenta la aplicación de la verdad a la vida diaria.

Practicar la verdad es una disciplina y, como tantas otras disciplinas, requiere planificación. Esta planificación es especialmente crítica para aquellos de nosotros que estamos empeñados en restaurar la integridad a la vida normal diaria de las personas. Por eso, le hacemos esta sugerencia: cada día, durante las próximas tres semanas, planifique tres ocasiones para decir la verdad —e incluso tal vez dónde decirla—. Para ayudarle en este proceso, hemos incluido un cuaderno de ejercicios en el capítulo siguiente, que le servirá de ayuda al sugerirle situaciones para que comience a pensar y a trabajar.

El decir la verdad exige un compromiso y un plan de acción. Y, como dice el eslogan publicitario, ahora muy popular, de una compañía estadounidense de ropa deportiva: *Just do it* (sólo hágalo).

¿Y ahora, qué?

Esperamos que, gracias al estudio de estas catorce estrategias, usted se dé cuenta de que el decir la verdad no sólo es importante en principio, sino también posible —y crucial— de poner en práctica. No siempre será fácil o sin un costo, pero el decir la verdad es lo correcto.

Una cosa es contar historias acerca de nobles caballeros cuya intrépida dedicación a la verdad fue parte esperada de su hidalga conducta. Héroes así se convirtieron en leyendas la mayoría de las veces. La verdad les costó a algunos de ellos su fortuna, y hubo otros que practicaron la verdad en una búsqueda de toda la vida tras la nobleza.

Pero los verdaderos héroes de hoy son los que se han consagrado a poner de nuevo en vigencia la verdad en su vida diaria. Son las personas que dirán la verdad en cuanto a sus propios errores, a sus colegas de trabajo y a sus hijos. Son las personas que ofrecerán corrección a los demás, no para herirlos, sino para que comiencen a andar en integridad. Son los individuos comunes que se han propuesto hacer volver la honestidad a la vida diaria y a los lugares de trabajo. Son las personas que insisten en confrontar la ética situacional para que la verdad pueda de nuevo ser el estándar habitual.

Tal vez usted sea una de esas personas. La clave aquí, por supuesto, es que comience a poner en práctica el decir y el escuchar la verdad. Para ello, puede utilizar las estrategias antes mencionadas y las instrucciones que aparecen en la parte del cuaderno de ejercicios que sigue a continuación.

Dicho todo esto, no queremos engañarlo: no creemos que alguien se convertirá en un caballero de brillante armadura sólo diciendo la verdad cada día. Pero sí creemos que, a medida que transcurra el tiempo, se irá pareciendo cada vez más a uno de ellos, para su familia, para sus amigos y para las personas que trabajan con usted.

cuaderno de trabajo: catorce estra-
tegias para decir la verdad cuader-
no de traba **capítulo** *catorce estrategias*
para decir **11** *verdad* **cuaderno**
trabajo: catorce **de trabajo:**
deci **catorce estrategias para decir la verdad**

A unque ya hemos visto estas estrategias en el capítulo 10, usted tiene ahora la oportunidad de hacer algunos ejercicios que le ayudarán a poner en práctica cada estrategia en la vida diaria.

No tiene que poner en práctica todas las estrategias de una vez. De hecho, el mejor uso de su tiempo lo hará haciendo una revisión rápida de las estrategias y tomando una o dos que inmediatamente capten su interés. El reto clave es ponerlas en práctica. Usted escoge el orden.

Estrategia # 1: Entender el poder de las palabras

Lo que usted necesita saber

El lenguaje tiene limitaciones. Lo que usted dice —y lo que no dice— afecta la manera como es entendida la verdad que usted quiere comunicar.

Todo se reduce a los siguientes tres principios en cuanto al lenguaje, que han sido expresados y vueltos a expresar, por casi un siglo, por especialistas de la semántica (que estudian el significado del lenguaje). Tal vez usted ha oído hablar de uno o más de estos principios o de variantes de ellos. Pero lo que sigue es la manera como nosotros los expresamos, para que usted los utilice, con la inclusión de breves explicaciones:

1. *La palabra no es lo importante.* Esto quiere decir simplemente que el lenguaje es el lenguaje, no la realidad que él describe. Usted llama "hierba" a

esa cosa verde que constituye su césped. También nosotros. Pero la palabra "hierba" en esta página, o en nuestros labios, no es en realidad la cosa verde que constituye su césped. ¿Por qué es importante saber esto? *Porque, cuando usted dice la verdad, tiene que entender que sus palabras carecen de significado si no hay una realidad que las respalde.*

2. *No se puede decir todo de todo.* ¿Recuerda la vieja frase: "la verdad, toda la verdad, y nada más que la verdad?". Pero hay un problema con esto de "toda la verdad", ya que se trata de toda la verdad que mejor puede uno decir. Llevemos a un niño de seis años, a un entomólogo y a la tía Flora al patio de la casa y hagámosles la pregunta: "¿Qué están viendo?". Lo que el niño verá será el columpio, sin duda. El entomólogo se fijará en la oruga que está en la tercera mata de rosas en el lado izquierdo. La tía Flora lo felicitará por lo limpio que está el patio. De modo que, a menos que usted los induzca a notar algo más, lo más probable es que esos serán los recuerdos —y por consiguiente las descripciones— que ellos guardarán de su patio. Cuando ellos digan lo que vieron en el patio, todos podrán estar diciendo la verdad, y cada uno dirá algo diferente. ¿Por qué es importante saber esto? Porque, *incluso haciendo el mayor esfuerzo para decir o escuchar la verdad, hay que recordar que es imposible que un observador pueda hablar acerca de todo.*

3. *Uno puede acabar hablando mucho y no decir nada.* Una de las limitaciones del lenguaje es que uno puede hablar mucho y terminar diciendo nada. Imagínese a usted mismo en medio de un ambiente donde se escucha el ruido de una máquina de vapor con ciertos intervalos, comiendo chocolate al sonido de unos naipes que están siendo barajados. Vea de nuevo la oración. ¿Le sirvió de algo, a no ser de un conspicuo ejemplo de lo que estamos diciendo? Con lo dicho, suficiente. ¿Por qué es importante saber esto? *Porque al decir y escuchar la verdad, recuerde que el mero hecho de decir algo con palabras no quiere decir necesariamente que eso tenga algún valor.*

Todo se reduce a lo siguiente: la naturaleza misma del lenguaje debe bastar para volver humilde al más osado hablador de verdades que exista. Debe servir para recordarnos que por más perfecta que sea nuestra capacidad de comprensión, nuestra manera de expresar la verdad jamás será perfecta.

Ahora bien, teniendo esto en mente, veamos cómo se aplican.

Un ejemplo probablemente obvio

Usted quiere decir la verdad. Se encuentra en casa, listo para decirle con firmeza a su hija que llegó el momento de poner orden en la casa.

Comienza, entonces, diciendo: "Sofía...", porque así se llama ella. Hasta ahora, todo va bien. Luego sigue diciendo: "La casa está hecha un desorden, y la mayoría del desorden es *tuyo*. Desorden aquí y allá y más allá... y probablemente todo está lleno de *moho*".

Sofía examina los montones de cosas que hay en la salita familiar donde usted y ella están parados. No hay nada de moho. De manera que la última frase no vale sin la realidad que la respalde. En este caso, la verdad está siendo comprometida.

Luego usted dice: "Veo montones de tus cosas regadas en toda esta habitación".

Pero Sofía, que acaba de poner un precioso mural en el cielorraso de la salita familiar, dice: "Veo que las paredes están necesitando desesperadamente una mano de pintura".

Usted recuerda, entonces, que ambas frases pueden ser ciertas debido a sus diferentes puntos de observación. Por lo tanto, le da la razón a Sofía, y ésta, de mala gana, también se la da a usted.

¡Eureka! Sofía ha entrado en la esfera de la realidad compartida. Está de acuerdo con la verdad de los montones de ropa, lo que pudiera llevarlo a usted a un acuerdo en cuanto a la necesidad que tiene ella de encargarse de los montones de ropa.

Usted podría valerse de esto para dar un golpe de gracia a la conversación, si maneja la siguiente conversación bien.

—Entonces, Sofía, yendo al punto: Por favor, necesito que pongas las cosas en orden ahora mismo.

A lo que Sofía responde:

—Pero, papá muchos grandes artistas viven en cuartos abarrotados de cosas. En realidad, lo que se pretendía con el caos del movimiento dadaísta de comienzos del siglo veinte era que...

¡Ajá! ¡Usted se da cuenta de inmediato de que Sofía está hablando por hablar para evitar la realidad de la habitación! Aunque muchos utilizan esto como una treta ingeniosa, usted sabe que tal conducta no debe ser apoyada por personas que dicen la verdad y que escuchan la verdad.

—Sofía, no nos salgamos del tema. Consíguete un cesto para la ropa sucia. O tal vez una pala.

Sofía comienza la búsqueda de una pala en el patio de la casa. Usted se olvidó de que es necesario que la realidad respalde sus palabras.

➤ ¡Ejercítese! ¡Practique!

Entonces, ¿cómo puede usted empezar a utilizar el lenguaje más al punto? ¿Cómo puede evitar, lo mejor posible, las dificultades causadas por las limitaciones del lenguaje?

Pruebe el Juego de descripción. Puede hacerlo solo en cuatro fáciles pasos:

1. *Tome un lápiz y un cuaderno.*

2. *Escoja una habitación (o el patio de la casa, si lo prefiere).*

3. *Escriba lo que puede ver y describir en un minuto.*

4. *Evalúe lo que escribe. Lo siguiente es lo que debe incluir en su evaluación:*

➤ ¿Fue exacto lo que escribió? Compárelo con la realidad. Tal vez la mancha de tinta que pensó que había visto en la alfombra era parte de la decoración.

➤ ¿Cuántas cosas no vio? Trate de tomar nota de algunas cosas que no tuvo tiempo de notar. Es sólo para que recuerde que sus poderes de observación son limitados.

➤ ¿Tuvo tiempo para ser elocuente en su descripción? Si lo permite, este ejercicio le ayudará a comunicarse con menos "fallas" tanto en la comunicación escrita como hablada.

Haga dos o tres veces este "Juego de descripción" por sí solo y luego pídale a otra persona que lo haga con usted en otra habitación. Comparen luego sus respuestas y descubra qué clases de detalles diferentes a los suyos notó la otra persona y viceversa.

Usted puede variar el juego tratando de describir los olores y los sonidos además de lo visual. Pero, en cualquier caso, utilice el juego para que le ayude a disciplinar sus palabras al hacer descripciones basadas en la realidad sin muchas "fallas".

➤ *Esta semana...*

Planifique lo que va decir en por lo menos una conversación cada día. No estamos diciendo que tiene que redactar estrictamente su confrontación con alguien, pero piense en estos tres puntos:

1. *¿Lo que estoy diciendo está respaldado por la realidad?*

2. *¿Estoy consciente de que nadie puede decir todo sobre todo y, por consiguiente, no debo tratar ni esperar que los demás lo hagan?*

3. *¿Estoy eliminando palabras sobrantes para hacer que mi conversación vaya lo más al punto posible?*

Ponga en práctica la estrategia, y el lenguaje se volverá su aliado al ser escuchado y comprendido por los demás cuando trate de decir la verdad.

Estrategia # 2: Si hay un problema, dígalo

Lo que usted necesita saber

Usted *puede* hablar constructivamente de los problemas. El no decir nada acerca de un problema es generalmente otra forma de mentir en cuanto al mismo.

En todo caso, ¿qué clase de problema se resuelve ignorándolo? Estamos seguros de que tales problemas existen. Quizás caen en la categoría de sarpullidos que usted no debe tratar de rascar. Pero aun así, ¿no quisiera algún tipo de ungüento medicinal que le sirva de ayuda?

¡Bueno! Tal vez ese problema *no* existe, después de todo, excepto cuando llamamos la atención de los demás en cuanto al mismo. Eso es verdad: aun en el espléndido nuevo mundo del nuevo milenio somos con frecuencia "simplones de la verdad" cuando se trata de hacer saber a alguien que hay un problema en una situación.

Sin duda, si usted saca a la luz un problema, eso puede ponerlo en una situación frágil. Puede, incluso, hacer que lo señalen de pendenciero por un tiempo. Pero si el problema es real y usted no dice nada, ¿no se parece eso mucho a una mentira? Y si otros se dan cuenta de que el problema es real, ¿no mejorará el carácter de la situación?

Esta es la razón por la que es tan importante esta estrategia en estos tiempos de formalidad política en los que todo el mundo quiere sentirse bien consigo mismo. *Tenemos que aceptar la responsabilidad de decir la verdad cuando vemos un problema.* No necesitamos magnificar el problema pero debemos asegurarnos de que lo que comenzó como algo pequeño no se convierta en algo grande, y que este problema grande no se vuelva peligroso para la integridad de nuestro hogar, nuestro lugar de trabajo o nuestra sociedad.

Un ejemplo probablemente obvio

En este libro hemos recalcado (así esperamos) la noción de que un supervisor tiene la obligación de ser honesto con lo que supervisa en cuanto a sus problemas de rendimiento en el trabajo. De la misma manera, los empleados tienen también una responsabilidad.

Nuestro amigo David era consultor a tiempo parcial de una clínica pública y, como puede ocurrir en esos lugares, tenía demasiados clientes para el número de horas que debía trabajar. A David le evaluaron su desempeño, y se vio de inmediato bajo críticas por estar haciendo un trabajo de "cantidad, no de calidad".

El problema era que David no podía trabajar un mayor número de horas de acuerdo con una ley del estado. Su supervisora había notado que los clientes de David sacaban mejor provecho de las sesiones cortas, que los clientes de otros consejeros en sesiones más largas. Por lo tanto, le había asignado intencionalmente a David lo que habría sido una sobrecarga de trabajo para otros consejeros de la clínica. David era realmente bueno en lo que hacía, y él no iba a permitir que la frase "cantidad, no de calidad" quedara en su evaluación sin una explicación.

David hizo entonces algo que le desagradaba hacer porque pensaba que su empleo estaba en peligro. Dijo:

—No puedo aceptar esta evaluación.

Su supervisora y el representante de recursos humanos que estaban en la habitación con él se sorprendieron. La supervisora tomó la iniciativa de responder, y dijo:

—¿Puedes decirnos por qué no la aceptas?

David hizo un gesto afirmativo con la cabeza.

—Por supuesto. Tú me has estado sobrecargando de clientes que debo ver porque sabes que puedo atenderlos a todos, ¿no es verdad?

La supervisora inclinó lentamente la cabeza en señal de aprobación.

—Pero el estado dice que no puedo trabajar más horas, para darles más tiempo, ¿no?

Esta vez fue el representante de recursos humanos quien asintió con la cabeza.

—Entonces, ustedes me ponen en un dilema. Me molesta al máximo el ser la víctima de un problema estructural. De modo que no firmaré la evaluación hasta que corrijan lo escrito.

De inmediato, la supervisora, el representante de recursos humanos y David se pusieron a redactar un nuevo informe que todos pudieran firmar. La disposición de David de decir que había un problema tuvo su compensación ese día. También favoreció a otros, porque hizo que la clínica revisara el número de clientes que podía atender cada consejero.

Entonces, ¿qué debe hacer usted cuando ve que hay un problema? ¿Está dispuesto a encararlo francamente, o prefiere que las cosas sigan igual indefinidamente por pura comodidad?

➤ ¡Ejercítese! ¡Practique!

Nosotros creemos que la *incomodidad* es, sin duda, la principal razón por la que las personas no quieren hablar de problemas en una relación o en una situación. Por eso, para que usted se ejercite en esto de decir la verdad, vamos a jugar el "Juego de la incomodidad".

A continuación hay tres situaciones que tienden a causar incomodidad en la mayoría de las personas, especialmente cuando se dan cuenta de que deben aceptar la responsabilidad de confrontar a alguien en cuanto a un problema. Lea todas las situaciones que aparecen más abajo, responda las preguntas de cada situación y escriba con mucho cuidado las palabras que utilizaría para decir la verdad. Si usted puede hacer este ejercicio acompañado de alguien, mucho mejor. Practiquen dándose mutuamente las respuestas.

Situación # 1: Usted se encuentra en un supermercado y ve a Isaac, uno de los chicos de su vecindario, y se saludan mientras usted continúa haciendo sus compras. Poco después, al acercarse usted a la caja, ve que Isaac toma algo del estante de golosinas y se lo mete en el bolsillo de su chaqueta. Usted no está segura de lo que ven sus ojos, pero observa que Isaac no se detiene en la caja sino que sigue de prisa a las máquinas dispensadoras de chicles que hay en la entrada. Él sigue allí cuando usted llega con su carrito lleno de víveres (que ha pagado) para salir de la tienda. Usted sabe que quisiera que alguien hablara con un hijo suyo si lo vieran haciendo lo mismo, por lo tanto...

1. *¿Qué le causa incomodidad en esta situación?*

2. *¿Qué beneficios le reportaría a usted el tomar la iniciativa de confrontar a Isaac con la verdad?*

3. *¿Qué le diría a Isaac en esta situación para encarar constructivamente el problema?*

Situación # 2: Su amiga Elvira, siempre poco convencional, tiene cierta inclinación a llamar la atención en la oficina, y por eso tiende a vestirse de una manera un poco estrafalaria para el gusto de una empresa contable. Ella le ha contado en secreto que hoy hizo una cita para que le dibujen un tatuaje en su muñeca izquierda, al que ella describe como "el delicado diseño de una rosa". Pero usted también ha participado en reuniones en las que una tendencia ha quedado bien clara: los dueños de la compañía probablemente harán más estricta, en pocas semanas, las normas en cuanto a la manera de vestir de los empleados.

1. ¿Qué le causa incomodidad en esta situación?

2. ¿Qué beneficios le reportaría a usted el tomar la iniciativa de confrontar a Elvira con la verdad?

3. ¿Qué le diría a Elvira en esta situación para encarar constructivamente el problema?

Situación # 3: Póngase en el lugar de David, de quien ya leímos antes. Usted hace bien su trabajo y porque lo hace bien su supervisor le está dando más trabajo que a sus otros colegas. Cuando usted es evaluado, es criticado por la "cantidad" de trabajo que realiza a costa de la "calidad" del mismo. Siente que la evaluación es injusta y no quiere, de ninguna manera, que esa evaluación quede así en su récord sin que la corrijan.

1. ¿Qué le causa incomodidad en esta situación?

2. ¿Qué beneficios le reportaría a usted el tomar la iniciativa de confrontar a quienes lo están evaluando?

3. ¿Qué le diría a sus evaluadores en esta situación para encarar constructivamente el problema?

➤ **Esta semana...**

Si usted ve un problema que debe encarar, hágalo. No estamos diciendo que busque un problema que no existe. Pero si sabe de algo o ve que sucede algo que puede enfrentar razonablemente, enfréntelo. Y para que esté preparado, considere los mismos puntos que vio en los ejercicios anteriores:

➤ ¿Qué le causa incomodidad en esta situación?

➤ ¿Qué beneficios le reportaría a usted el tomar la iniciativa de confrontar el problema con la verdad?

➤ ¿Qué diría usted en esta situación para encarar constructivamente el problema?

Estrategia # 3: Si no hay un problema, dígalo

Lo que usted necesita saber

La conversación abierta es vital para que la verdad sea siempre transparente. Muchos de nosotros queremos ver problemas donde no existe ninguno. Es muy importante que quienes no ven ningún problema lo digan.

Debido a las pobres maneras que hemos aprendido para comunicarnos, lo que hacemos es crear más problemas de los que ya existen. A veces nos guiamos por patrones de comunicación de personas que no saben comunicar bien sus sentimientos, percepciones o actitudes, por lo que perpetuamos un vacío comunicacional que, con frecuencia, crea una sensación de paranoia en cuanto a las personas y a las situaciones.

Lamentablemente, muchos utilizamos intencionalmente este vacío para darnos o para permitirnos conservar el poder sobre los demás. Esto es lo que popularmente se conoce como "el trato silencioso". Lo lamentable, en cuanto al trato silencioso, es que nos hemos vuelto tan falsos en nuestros estilos de comunicación que muchas veces no sabemos si alguien calla por misericordia o porque nos está castigando con su silencio. En la mayoría de los casos, este último castigo es porque la persona ha aprendido a decirnos *pasivamente* algo, en vez de tener el valor de hablarlo con franqueza. "Ningún problema" es por lo general una buena noticia, ¿no lo cree? Entonces, es una noticia que vale la pena mencionar.

Esté consciente o no de esto, si alguien necesita que usted le asegure que no hay ningún problema y usted mantiene el trato silencioso, estará creando otro problema. Por lo tanto, hágase a usted mismo y a los demás que lo rodean un gran favor: si no hay ningún problema entre usted y ellos, dígalo.

Un ejemplo probablemente obvio

Muy pocas circunstancias le producen tanto temor a un niño como el no saber qué esperar de sus padres. Pero así era como sucedía con Eduardo.

Lo que hacía más irónica la situación de Eduardo era que sus padres, Teresa y Ricardo, eran ambos terapeutas familiares exitosos. Sin embargo, parecía que cuando volvían del consultorio que compartían a la casa, el tiempo tanto para hablar como para escuchar se esfumaba. Eduardo estaba siendo criado no sólo en medio de noches tranquilas, sino también, muchas veces, de noches silenciosas.

Había noches cuando uno de sus padres regresaba a la casa echando chispas después de un día duro en el consultorio. Eduardo no sabía cuál era el origen de su ira y por eso creía con frecuencia que él era la causa de la molestia de sus padres.

Cuando Eduardo tenía seis años, ya se estaba portando mal en la escuela. Se encerraba anormalmente dentro de sí mismo cuando no estaba haciendo algo malo. Después de estar seguros de que Eduardo simplemente estaba teniendo un problema de ajuste en el colegio, la tercera notificación de la directora fue suficiente para que sus padres se preocuparan.

Teresa y Ricardo empezaron, entonces, a considerar todo lo que habían hecho. Eduardo participaba de las actividades "típicas": lecciones de música, fútbol. Lo llevaban con cierta regularidad a la iglesia y habían tomado vacaciones dignas de profesionales de su nivel. ¿Qué se les había escapado?

Buscaron la ayuda de Antonio, uno de sus colegas terapeutas más respetados. Después de la primera sesión con Eduardo, Antonio les hizo una seña a Teresa y a Ricardo. Después llamó a Eduardo y le dijo:

—Eduardo, puedes seguir trabajando con la arcilla. ¿Qué tal si me haces otra nave espacial? Estaré contigo en un minuto.

Dicho esto, hizo pasar a Teresa y a Ricardo a una habitación contigua y cerró la puerta.

—Quiero que me den una respuesta rápida y sincera. Aunque somos amigos, esto va a quedar como un secreto profesional. Lo que me digan no saldrá de aquí. Así que, ¿cómo está la relación entre ustedes dos?

Ricardo se sorprendió con la pregunta y miró a Teresa:

—Está bien, por lo menos eso creo yo.

Teresa respaldó sus palabras asintiendo con la cabeza.

—¿Hay algo en el hogar que siempre les causa molestia? ¿Problemas económicos, metas, no sé, quizás incluso alergias?

Teresa hizo un movimiento negativo, sorprendida. Ricardo lo pensó por un momento e hizo también lo mismo.

—¿Está Eduardo haciendo algo que los irrita o les produce frustración?

Ricardo negó de nuevo con la cabeza, firmemente.

—No, él es un buen chico.

—¿Cuándo fue la última vez que le dijeron eso, quiero decir, con esas mismas palabras?

Teresa y Richard no supieron qué responder.

—Veámoslo desde otro ángulo: ¿Cuándo fue la última vez que realmente se ocuparon de saber cómo había pasado *Eduardo* su día, cuando ustedes regresaron del trabajo?

Hubo silencio por un momento y luego Teresa respondió:

—Antonio, eso es algo que nunca hemos hecho.

—La única cosa que logré sacarle a Eduardo durante una hora fue: "Papá y mamá están enojados conmigo, y no sé por qué", respondió Antonio.

Ricardo estaba al borde de las lágrimas.

—¿Es *eso* lo que está percibiendo de nosotros en el hogar?

Antonio simplemente asintió con la cabeza. Luego les dio una serie de ideas. Teresa y Ricardo debían asegurarse de incluir a Eduardo en sus conversaciones durante las comidas. Cada uno de ellos, por separado, le preguntaría cómo había pasado el día, y compartirían con él algo de lo que fue el día de ellos. También se asegurarían de decirle algo positivo acerca de su conducta y lo orgullosos que estaban de él. El trato silencioso en el hogar no había sido intencional y tendría que terminar.

Fue necesario que pasaran algunos meses para que Eduardo creyera que sus padres ya no estaban enojados con él por algo. Pero el mensaje finalmente penetró bien hondo, porque se tomaron el tiempo para decírselo.

➤ ¡Ejercítese! ¡Practique!

El ejercicio que sigue tiene el propósito de ayudarlo a determinar si sus hábitos lo hacen más propenso o menos propenso a ser un comunicador productivo, y para darle algunas ideas que le sirvan de ayuda para que lo sea, si todavía no lo es. A esto es lo que hemos llamado la Prueba productiva. Evalúese usted mismo, colocando una marca en cada una de las siguientes escalas. Trate de limitar su respuesta a una sola relación (cónyuge, hermano, padre, colega de trabajo, etc.) o situación (trabajo, iglesia, gimnasio, hogar, etc.) ¿Por qué razón? Porque muchos de nosotros tenemos un patrón de comunicación diferente para cada relación o ambiente.

¡Arranquemos! Usted tiende a...

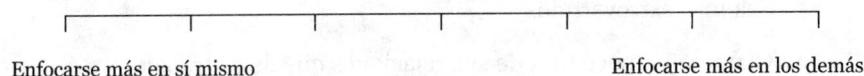

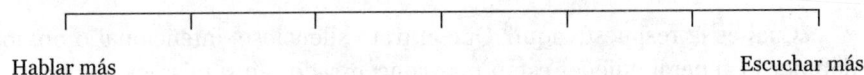

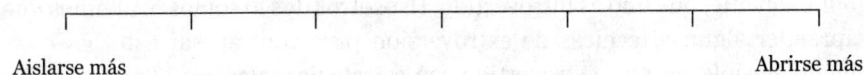

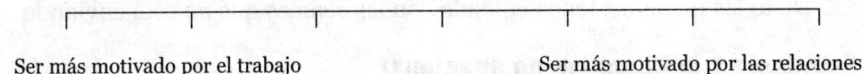

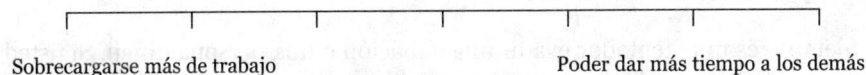

Enfocarse más en sí mismo   Enfocarse más en los demás

Hablar más   Escuchar más

Aislarse más   Abrirse más

Ser más motivado por el trabajo   Ser más motivado por las relaciones

Sobrecargarse más de trabajo   Poder dar más tiempo a los demás

Cuantas más marcas haga usted a la derecha, más probable es que usted sea un comunicador productivo. Y cuantas más a la izquierda, mayor será su tendencia a tener un trato silencioso con los demás, aunque no lo haga intencionalmente.

Entonces, ¿qué se puede hacer? Si obtuvo más marcas a la izquierda no significa que es una persona mala, pero quizá le indique que debe poner en práctica más de las características de la derecha para evitar que los demás reciban un trato silencioso.

¿Y por qué decimos que es una prueba productiva? Porque la verdadera prueba viene cuando uno pone en práctica esta información.

➤ *Esta semana...*

Analice seriamente sus relaciones y ambientes. Si su silencio puede hacer pensar a alguien que hay un problema donde no lo hay, hágale saber a esa persona que no hay ningún problema. Piense en la posibilidad de ocuparse más de lo que sigue a continuación, sacado del ejercicio anterior.

➤ Concéntrese más en los demás.

➤ Escuche más a los demás.

➤ Sea más extrovertido.

➤ Ocúpese un poco más de sus relaciones que de su trabajo.

➤ Trate de invertir más tiempo en los demás.

¿Cuál es la respuesta aquí? Que el trato silencioso, intencional o no, lo dan por lo general quienes están más concentrados en sí mismos que en los demás. Sin embargo, esto no significa que uno sea inherentemente egoísta. Simplemente, que uno es introvertido. (Nosotros dos lo somos, y tuvimos que aprender algunas técnicas de extroversión para contrapesar esto. Es *realmente* posible ser más extrovertido con estrategias tales como, por ejemplo, iniciar intencionalmente una conversación con alguien).

De todas maneras, tenga cuidado con las señales que *no* está enviando.

Estrategia # 4: Dilucidar, no apaciguar

Lo que usted necesita saber

Siempre es muy tentador evadir una situación o una persona difícil. Si usted no puede hacerlo, la siguiente tentación es hablar muy indirectamente del problema para no herir los sentimientos de otros y su propio estatus como la persona más simpática del mundo.

Bien, aunque es posible que usted, al igual que nosotros, ya haya perdido el título de "la persona más simpática del mundo", usted necesita practicar esta estrategia. Cuando usted decide tomar la responsabilidad de decir la verdad en una situación difícil, está entrando en uno de los terrenos más delicados en el arte de decir la verdad.

Es muy propio de la naturaleza humana el desear aliviar la carga de la persona con quien hablamos. Está bien que usted sea compasivo, pero no queremos que lo sea tanto hasta el punto de neutralizar la necesidad que tiene la persona de reconocer la verdad que usted le está diciendo, y de actuar conforme a ella.

Sea claro en cuanto al problema. En estos casos, generalmente es mejor no ahondar en detalles buscando el origen del problema. Es mucho mejor enfrentar el presente, ayudar a que la parte involucrada se responsabilice por la corrección que necesita hacer y animarla a que logre ese objetivo.

Un ejemplo probablemente obvio

Una serie de fusiones dejó en un caos, durante un tiempo, la estructura corporativa de la compañía de Francisco. Los empleados en todas partes estaban esperando, muy esperanzados, que se implementara una nueva estructura. La promesa era que eso ocurriría en los seis meses siguientes.

Como jefe de un departamento, Andrea sabía —no así los otros miembros del equipo— que probablemente su departamento, al igual que muchos otros, iba a ser totalmente eliminado en la nueva estructura. Las personas con las que ella había estado trabajando, algunas por casi diez años, se iban a quedar sin empleo. Igual sucedería con ella, pero eso no le producía tanta angustia como el pensar en las personas con quienes trabajaba.

Andrea estaba luchando con algunas alternativas, ninguna de las cuales parecía muy buena en ese momento. ¿Reuniría a todo su equipo para animarlos a comenzar a buscar otros empleos? Pero, ¿qué tal si había todavía una leve posibilidad de que su departamento sobreviviera? ¿Debía dejarlos disfrutar los últimos meses como equipo, sin añadirles la presión extra —y posiblemente innecesaria— de que se entregaran de lleno al esfuerzo de lograr un mayor nivel de rendimiento?

Ella sabía que su departamento tenía la oportunidad de sobrevivir a la reducción, si podían demostrar su competencia. Eso significaba presentar reportes precisos y a tiempo, dos áreas en las que su equipo lo hacía más o menos bien, pero no lo suficientemente como para lograr la excelencia.

Andrea finalmente decidió hablar muy firme y claramente con su equipo.

—Tengo que informarles que nuestro departamento posiblemente no sobrevivirá a las reducciones que se producirán con la reestructuración. Es lo que siempre ocurre: cuando hay una fusión, se pierden empleos.

Ella dejó que transcurriera un momento para que pudieran asimilar la noticia. (Pero observe también que ella no da pie para que se abra una larga discusión en cuanto al origen del problema, sino que está clarificando la situación). Luego continuó diciendo:

—Si ustedes deciden que quieren seguir aquí —y yo espero que así sea—, hay algunas cosas que podemos hacer que podrían ayudar a posicionar nuestro departamento y sobrevivir así a la reducción de personal. Esto significa, por supuesto, que conservaríamos nuestros empleos.

»No les puedo garantizar nada, pero sé que nuestro departamento está en competencia con muchos otros ahora mismo. Para mí sería muy fácil decirles simplemente que lo único que tenemos que hacer es seguir haciendo lo mismo de siempre, pero ése no es el caso. En realidad, tenemos un problema con nuestros reportes. No puedo dejar de pensar que si hiciéramos un mejor trabajo tanto con la exactitud como con la oportunidad de la presentación de esos reportes, y si la gente de arriba pudiera ver lo buenos que somos realmente, tendríamos una oportunidad mucho mejor de ser parte de la transición a la nueva estructura.

»A mí me gustaría que siguiéramos trabajando juntos, si podemos. ¿Qué piensan ustedes?".

El equipo de Andrea aceptó el reto. Andrea había hecho un excelente trabajo de clarificación de la situación, ayudando al equipo a aceptar la responsabilidad de corregir lo que era necesario y animándolos a hacer los cambios necesarios. De lo que sucediera después de esto, ella tendría muy poco control.

➤ ¡Ejercítese! ¡Practique!

Practique sus técnicas de clarificación —sin conciliación— observando los siguientes tres ejercicios. Las hemos llamado "Clarificando: Parte 1".

Situación # 1: Su hijo, Jeremías, normalmente un excelente estudiante, trae a casa una nota de regular en matemática en su boleta de calificaciones, por lo que se siente desanimado y confundido. Usted va a ver a su maestra y descubre que el problema está en que su hijo no está practicando los ejercicios de matemática diariamente.

"Si no los hace, no tengo idea de qué parte del proceso no entiende Jeremías", dice la maestra. Y luego le muestra suficientes evidencias, por los deberes del último trimestre, de que Jeremías no está entendiendo la matemática.

1. ¿Qué diría usted para ayudar a clarificarle la situación a Jeremías?

2. *¿De qué manera le haría saber a Jeremías que se responsabilice por la corrección requerida? ¿De qué manera podría usted ayudar?*

3. *¿Qué le dirá a Jeremías para animarlo a tomar la acción correctiva adecuada?*

Situación # 2: Sergio es una de las personas más simpáticas que usted conoce, y a quien le encanta ser parte de las representaciones teatrales de su comunidad. Cierta noche, usted recibe una llamada del director de teatro, quien le pide un favor.

"Ya sabes, Sergio es tan mayor como nosotros. Esta obra exige que el protagonista sea un hombre joven, pero Sergio está convencido de que él es la persona perfecta para el papel. La verdad es que Horacio, que acaba de graduarse de la universidad, participó en la audición y parece que él es el candidato ideal para el papel. ¿Te importaría hablar con Sergio de esto, diciéndole que él sigue siendo muy bueno para el teatro, pero que tal vez no es el más adecuado para este papel? Yo traté de comenzar a hablarle del asunto esta noche, pero no tuve mucho éxito.

1. *¿Qué diría usted para ayudar a clarificarle la situación a Sergio?*

2. *¿De qué manera le haría saber a Sergio que se responsabilice por la corrección requerida? ¿De qué manera podría usted ayudar?*

3. *¿Qué le dirá a Sergio para animarlo a tomar la acción correctiva adecuada?*

Situación # 3: La hija de su mejor amiga —ella es una estudiante destacada que figura en el cuadro de honor, y extraordinaria con la música— ha anunciado a sus padres que quiere seguir la carrera de medicina, no de música. Rechaza una beca en una escuela de música y se inscribe en un programa especial de la universidad de su estado para estudiantes destacados, en el que puede hacer el curso propedéutico. Usted piensa que los padres estarán muy emocionados por la decisión de su hija. Sin embargo, su mejor amiga le expresa de repente muchas dudas mientras toman café juntas un día. Se lamenta por todo el gasto hecho por esas lecciones de música durante años y está preocupada por lo difícil que puede ser el ingreso a la escuela de medicina.

1. *¿Qué diría usted para ayudar a clarificarle la situación a su amiga?*

2. *¿Qué le sugeriría a su amiga que hiciera para que considere el problema de percepción que tiene en cuanto a la difícil situación de su hija? ¿De qué manera podría usted ayudar?*

3. *¿Qué dirá usted para animar a su amiga a tomar la acción correctiva adecuada?*

Hablando de amigos: si le es posible, podría ser útil hacer este ejercicio con un amigo, o con un grupo pequeño, y comparar las respuestas.

➤ **Esta semana...**

Prepárese para tomar la responsabilidad de decir la verdad en una situación difícil y desarrolle las estrategias para dilucidar, no para apaciguar. Usted puede repasar las situaciones que aparecen anteriormente o concentrarse en una situación actual que esté viviendo. En cualquier caso, trabaje con los siguientes puntos:

➤ Clarifique la situación.

➤ Ayude a la persona que corresponda a aceptar la responsabilidad por la situación.

➤ Propicie la acción correctiva apropiada y no presente excusas como una manera de evitarla.

Estrategia # 5: Dilucidar, no hacer quedar mal a los demás

Lo que usted necesita saber

Hay que considerar un aspecto más cuando usted corrige algo. No deje que sus sentimientos que rodean una situación empañen la verdad. Asegúrese de que va a lidiar con hechos, no con opiniones o emociones.

Debemos tener especial cuidado si nuestros sentimientos se inclinan a pintar a alguien como un villano en una situación determinada. Puede ser tentador convertir a alguien en un chivo expiatorio cuando las cosas se ponen difíciles. En nuestro intento por ayudar a alguien a aceptar la verdad, es fácil crear una apertura con esa persona echándole a otra la culpa por la situación.

¿Qué es lo esencial aquí? Que se honra más la verdad cuando se corrige a alguien que es responsable por una acción inapropiada. ¡No hay que aceptar eso de que "el diablo me llevó a hacerlo!". Puede haber causas subyacentes, causas que, incluso, pueden parecer justificadas para las acciones de alguien. Pero la situación sólo se corrige cuando los que son responsables por una acción negativa son confrontados individualmente con su responsabilidad independientemente de las acciones de los demás.

Un ejemplo probablemente obvio

Son pocas las cosas que hacen perder el control a Carol, pero cuando oye a alguien utilizar un lenguaje espiritual para elevarse por encima del "resto de nosotros los plebeyos", lo pierde.

Eso es lo que sucedió otra vez en un partido de baloncesto. Carol se estremeció al ver que Ciro se acercaba a su esposo, Fidel, pero al menos éste estaría sentado entre ella y Ciro.

Ciro no tenía ningún reparo en utilizar la jerga espiritual para hacer saber a los demás lo que él pensaba.

—¡Hola, Fidel! ¡Hola, Carol! ¡Alabado sea el Señor! ¡Qué gusto verlos!

Fidel se llevaba mucho mejor con Ciro que Carol.

—¡Hola, Ciro! ¡Me alegro de verte! ¿Qué tal si te sientas con nosotros?

Si Fidel sintió el codazo que le dio Carol en las costillas, no hizo el menor gesto.

Ciro estuvo observando el partido tal vez durante quince segundos, antes de comenzar a hablar.

—Bueno, ustedes saben que yo adoro el baloncesto. Pero desearía que hubiera alguna forma de conectarlo más directamente con la obra del Señor.

Fidel arqueó las cejas, pero Carol asintió con la cabeza y siguió viendo el partido.

—Vine aquí sólo para ver a quién encontraba. Como me ha sucedido hoy con ustedes. Tal vez estaba en el plan divino que ustedes estuvieran aquí. ¿Saben? Yo enseño un maravilloso estudio bíblico los jueves en la noche. Esto ayuda a centrar la atención en el Señor y nos mantiene alejados de la distracción mundana de la televisión.

Fidel y Carol se quejaron suavemente cuando vieron que el árbitro dejó pasar una jugada sucia, que estaba clara. Ciro lo notó también, y protestó.

—¡Oye, árbitro! ¿Es que necesitas unos anteojos? ¿Qué es lo que te pasa?

Toda la gente que estaba alrededor de ellos se volvió a ver quién era la persona que estaba haciendo el barullo. Ciro se calmó y continuó hablando como si nada hubiera sucedido.

—Sí señor, esas distracciones mundanas, hay que tener muchísimo cuidado con ellas. Se aparecen así, de repente, y si uno no está alerta, termina en el lodazal moral al igual que los demás...

—¡Oye, árbitro, sí, tú! ¿Es que no sabes contar hasta tres? ¡Entonces, cuenta ya esos tres segundos!

Ciro continuó hablando, sin siquiera respirar.

—Como ven, si ustedes no quieren terminar como todos estos perdidos que están a nuestro alrededor, tienen que considerar ciertas opciones espirituales para su vida como, por ejemplo, nuestro estudio bíblico de los jueves por la noche. Sí, alabado sea el Señor, gloria a Dios...

Carol ya no pudo mantenerse callada. Se inclinó sobre Fidel y acometió contra Ciro, sin preocuparse de hacerlo en voz baja.

—¡Ciro, haznos un favor! Si tienes que usar tu lenguaje religioso para enseñarnos algo, ten al menos un poco de misericordia con el árbitro! ¡Y no comiences a hablar de tus "opciones espirituales" que utilizas para parecer mejor que los demás!

El fuerte regaño tuvo el efecto deseado. Ciro se puso rojo como un tomate, murmuró un "bueno, nos vemos" y fue a sentarse en otra parte de las tribunas. La gente que estaba alrededor de Carol se puso a aplaudir de inmediato.

—¡Muy bien dicho, señora! ¡Gracias!

Pero Carol sabía lo que vendría después de que terminara el partido. Tan pronto entró en el coche con Fidel, éste se volvió hacia ella y le dijo suavemente:

—Entonces, ¿cuándo te vas a disculpar con Ciro por humillarlo públicamente?

—Pero, Fidel, ¿no crees que se merecía que lo humillaran un poquito?

—No te salgas por la tangente. Pudimos haber hablado con Ciro lejos de las demás personas. Disfrutaste mucho humillándolo.

—Lo sé, lo sé. Y acepto mi responsabilidad por lo que dije.

—Sabía que dirías eso.

A veces, decir la verdad al esposo o a la esposa es fácil. Otras veces, no lo es tanto —eso depende de la relación—. Pero Fidel sabía que Carol era una persona de mucho carácter y no quería que renunciara a eso sólo por el golpe bajo que le había dado a Ciro. Por eso le pidió que se responsabilizara por lo hecho, aunque a muchas personas de esa multitud les encantó que hiciera lo que hizo. Fidel mantuvo el asunto claro y enfocado. Habría sido fácil tratar de justificar la reacción de Carol, basándose en la conducta impertinente de Ciro, pero no permitió que eso sucediera.

➤ ¡Ejercítese! ¡Practique!

Practique sus habilidades correctivas sin hacer quedar mal a nadie al hacer estos ejercicios de "Clarificando: Parte 2".

Situación # 1: No hay duda alguna: Hernán es un supervisor agresivo. De hecho, recurre a los insultos como motivación para "educar" a su equipo. Después de tener como supervisor de su trabajo a Hernán durante unos meses, César respondió a una descarga de Hernán con una serie de insultos de su propia cosecha. Hernán está "listo para escribir un informe negativo" sobre César, y éste está listo para denunciar la conducta de terror en el departamento de recursos humanos. Usted, como compañero de trabajo de Hernán, goza de su confianza y pudiera ser de ayuda en la situación.

1. *¿Qué le diría usted a Hernán, para dilucidar la situación, sin "hacer quedar mal" a César?*

2. *¿Qué le diría usted a César, para dilucidar la situación, sin "hacer quedar mal" a Hernán?*

3. *¿Qué les sugeriría a ambos para que mejoraran su relación en el trabajo? ¿Cómo abordaría el asunto?*

Situación # 2: Es cada vez más evidente que Hilda, la nueva presidenta del comité de miembros del club de evaluación de libros, es totalmente incompetente en el cargo. Ha traspapelado las listas de direcciones, las entrevistas personales que ha tenido con miembros potenciales han sido mal llevadas, y algunos miembros del comité han sido puestos de lado. Irene se propone decir lo que piensa de todo esto, escribiendo una nota venenosa que, aunque anónima, no ocultará quién es su autora. La atmósfera en el club se está volviendo muy desagradable, y usted considera que debe intervenir.

1. ¿Qué le diría usted a Hilda, para dilucidar la situación, sin "hacer quedar mal" a Irene?

2. ¿Qué le diría usted a Irene, para dilucidar la situación, sin "hacer quedar mal" a Hilda?

3. ¿Qué les sugeriría a ambas para que mejoraran su relación en el trabajo? ¿Cómo abordaría el asunto?

   Situación # 3: "No complicar las cosas" jamás ha sido una de las virtudes de Hugo, su hermano. Por lo tanto, no es de extrañar que esté frustrando a su hijo después de que ellos dos iniciaron una compañía de reparación de casas. Hugo quiere estar improvisando y haciendo triquiñuelas siempre que puede. A veces usa materiales de calidad inferior para comprobar una de sus ideas. Con frecuencia lo que improvisa funciona bien, pero la complejidad que introduce en cada proyecto de trabajo significa mucha inversión de tiempo. Roberto es más como usted: no tiene una imaginación desbordante, pero es un gran trabajador que quiere hacer las cosas bien y con eficiencia. Por fin, Hugo lo llama a usted para decirle que Roberto explotó contra él y no sabe por qué razón excepto tal vez porque estos jóvenes de ahora no saben trabajar bien duro para ganarse la vida.

1. ¿Qué le diría usted a Hugo, para dilucidar la situación, sin "hacer quedar mal" a Roberto?

2. ¿Qué le diría usted a Roberto, para dilucidar la situación, sin "hacer quedar mal" a Hugo?

3. ¿Qué les sugeriría a ambos para que mejoraran su relación en el trabajo? ¿Cómo abordaría el asunto?

➤ **Esta semana...**

Si usted sabe de una situación en la que el hacer quedar mal a alguien
pudiera suceder, o ya está sucediendo, aclárela sin hacer quedar mal a
nadie. Si se guía por el ejercicio anterior, usted puede prepararse con estos
tres pasos:

➤ Aclare la situación para las partes en conflicto.

➤ Diga cómo se puede hablar de las personas involucradas sin hacer
  quedar mal a nadie.

➤ Ofrezca ideas prácticas a las personas involucradas en la situación,
  a fin de que mejoren su relación.

Estrategia # 6: Dar el reconocimiento debido a quien se lo merece

Lo que usted necesita saber

Existe el bello arte de dar el reconocimiento debido a alguien cuando se lo
merece. Esto es algo que requiere disciplina.

Esta estrategia es la clave para dar a los demás un estímulo que les
resulte valioso. El niño que escucha una felicitación basada en algo que hizo
bien —un deber escolar, una tarea en casa, una buena relación con su hermana— está en el camino de repetir esa conductiva positiva. Una colega de
trabajo suya que la escucha a usted decir que está agradecida por haberle
hecho más fácil el trabajo tendrá un mejor concepto de usted, de su relación
con ella y probablemente del lugar donde ambas trabajan.

Créanos esto que le decimos: el dar a su esposo, o esposa, una felicitación
sincera y merecida por algo que hizo bien en la casa puede hacer maravillas.

Un ejemplo probablemente obvio

Timoteo y Cristina eran una pareja poco común en cuanto a sus hábitos de
comunicación. Parecía, a pesar de lo diferente que eran, que se llevaban bien
porque había un equilibrio entre ellos.

Era raro que Timoteo le diera una felicitación a alguien, debido tal vez a que a él le resultaba muy difícil recibirla. "Sólo estoy haciendo lo que debo", era su respuesta típica frente al intento de alguien de felicitarlo por sus esfuerzos. Y eso era lo que comunicaba a los demás: que las felicitaciones siempre eran inmerecidas. La excelencia, no tanto la competencia, era lo que se debía esperar de todos.

Cristina, por otro lado, era my "efusiva". Si el hijo de alguien tocaba bien el piano en un concierto, le decía que sería el nuevo Mozart. Si alguien había hecho un buen trabajo como empleado de un club social, le decía que debía postularse para algún cargo público. La gente dudaba de su sinceridad por lo exagerada que era al felicitar a las personas por sus logros.

¿Cómo, entonces, aprendieron Timoteo y Cristina el bello arte de dar una felicitación merecida? Timoteo descubrió que a los niños les hacía falta un estímulo verbal de vez en cuando. Cuando estos se hicieron adolescentes, Cristina descubrió que no podían ser engañados con felicitaciones exageradas, pero que les encantaba un estímulo justo y bien merecido.

La lección aprendida fue que las felicitaciones deben ser generosas, pero justificadas, a quienes las merecen. Después de unos años de práctica con sus hijos, Timoteo y Cristina estuvieron de verdad preparados para felicitar también a otras personas.

➤ ¡Ejercítese! ¡Practique!

¿Quiénes pueden ser sus receptores de una felicitación merecida? Dedique un poco de tiempo a hacer un registro de receptores. Deje suficiente espacio entre una cosa y otra, y haga una lista de al menos diez cosas que usted ha hecho en las últimas veinticuatro horas tales como conducir el auto, disfrutar de una comida en casa, asistir a una reunión en el trabajo, etc. Luego, en el espacio que hay después de cada cosa, escriba los nombres de las personas que hicieron posible (e incluso agradable) que tales cosas le sucedieran.

Por ejemplo, si escribió "conducir el auto", puede anotar los nombres del mecánico y del cajero de la gasolinera. Suponga, también, que escribió "almuerzo en el restaurante". Aquí puede incluir los nombres de la camarera, del mesonero, de la cocinera e incluso del gerente. ¿Y qué tal de quién organizó esa reunión de trabajo que salió tan bien y que no desperdició el tiempo de nadie?

Recuerde, también, dar generosamente en el hogar las felicitaciones merecidas. Son muy pocas las otras estrategias, en cuanto al arte de decir la verdad, que pueden desarrollar con tanta rapidez la sensación de bienestar en un niño. ¡Y a los padres y a los cónyuges tampoco les viene mal una felicitación!

Esperamos que usted tenga la oportunidad y la capacidad de dar una felicitación merecida a alguien que ha contribuido a hacer que su día sea más positivo. Una vez que usted adquiera el hábito, podrá hacer de la felicitación una cuestión rutinaria.

> **Esta semana...**

Debe ser capaz de practicar esta estrategia al menos una vez al día durante toda la semana. Utilice su registro de receptores de manera que le sirva de ayuda cada día para identificar a las personas que merecen ser felicitadas por usted. Recuerde: toda felicitación que haga debe ser su respuesta sincera a algo bien hecho por los demás.

Estrategia # 7: Corregir lo que haya que corregir

Lo que usted necesita saber

Como ya dijimos en el capítulo 10, esto pudiera parecer una repetición de los puntos "Dilucidar, no..." (estrategias 4 y 5). Aunque hay una conexión natural con estos puntos, su aplicación puede ser diferente. Los puntos anteriores tienen que ver con confrontar claramente y asignar responsabilidades en una situación difícil.

Pero este punto se refiere a ofrecer corrección. Asume que la persona tiene una evaluación bastante clara y objetiva de su papel. El enfoque en esta estrategia consiste en dar consejos prácticos en cuanto a cómo hacer mejor las cosas.

Esto debiera ser bastante sencillo. Así como hay que dar el reconocimiento debido a quien se lo merece, el dar corrección involucra la disciplina de vérselas con los hechos. Por eso, una vez más, la misión de usted será vincular la corrección con los hechos. Ni más ni menos.

Esta estrategia es la clave para dar —y para recibir— consejos que resulten valiosos. Deje, entonces, que sea para usted una calle de doble sentido.

Un ejemplo probablemente obvio

—Oigan, yo conozco la ciudad como la palma de mi mano.

—Sí, todos sabemos eso, Rafa.

—Por eso, tomaremos la ruta más corta que lleva a la capital, es decir, primero saldremos a la curva de la línea del tren, luego pasaremos frente a la estación de bomberos, y a unas tres cuadras de ahí, a la derecha, está el restaurante.

Rafa había dejado claro que él era el candidato más calificado para ser el encargado de la actividad social de las noches de la conferencia sobre ventas que había hecho que su equipo viniera de otra ciudad a la capital. Lo que él no sabía, era que Gerardo se había criado en la capital. Pero éste, por ser una persona callada y reservada, no estaba dispuesto a quitarle el papel a Rafa.

El equipo formado por los cuatro hombres alquiló un automóvil y siguieron la vía de regreso a la capital bajo la meticulosa dirección de Rafa. El problema fue que se vieron de pronto enfrentados a vehículos que venían a ellos desde varias calles.

Habían tomado una vía equivocada, de un solo sentido, que los llevaría al sector más congestionado.

Gerardo se aclaró la garganta, y dijo:

—Este... yo me crié a pocos kilómetros de aquí. Demos vuelta a la derecha, entre esos dos edificios, ahora mismo.

Casi chocan con un taxi que frenó a tiempo para evitar un choque frontal con ellos. Rafa estaba tan asustado como los demás.

—Lo siento, lo siento mucho.

Gerardo interrumpió la casi incoherente disculpa que daba Rafa, diciendo:

—Oye, Rafa. Nos trajiste hasta aquí la mayor parte del trayecto. No lo tomes a mal, ¿pero podemos salir de nuevo a la vía principal? Sé dónde estamos.

—Encárgate tú, capitalino.

Usted habrá notado que Gerardo no trató de hacer quedar a Rafa como un tonto. No necesitó convencer a Rafa de su responsabilidad por la situación, sino que simplemente hizo la corrección necesaria. Esa es la clave de esta estrategia.

➤ ¡Ejercítese! ¡Practique!

Haga parte de su estrategia la práctica de este ejercicio llamado "Corrección, confrontación y definición", para dar la corrección debida en los casos que ésta sea necesaria. ¡Y si puede hacer el ejercicio con un amigo y revisar después las respuestas juntos, mucho mejor!

1. *¿Cuál diría usted que es la diferencia entre corregirle a alguien un error y juzgar a alguien?*
2. *Escriba tres situaciones en las que usted estaría dispuesto a confrontar a alguien para que corrija un error (por ejemplo, dándole instrucciones para evitar un choque, o interviniendo en una discusión para evitar que se culpe injustamente a un colega de trabajo).*

a.

b.

c.

3. *Diga, con tres palabras descriptivas, su manera de confrontar (por ejemplo, "temerosa", "cándida", "aguerrida", "renuente").*

a.

b.

c.

4. *Diga cuál es, en sus propias palabras, la diferencia que hay entre "confrontación" y "ataque".*

5. *¿Cuáles serían algunas áreas de conocimiento en las que usted se sentiría cómodo dando corrección en caso de que fuera necesaria?*

6. *¿Es más fácil o más difícil, para usted, dar corrección basada en los hechos? ¿Por qué razón?*

7. *¿Hay alguna situación presente de la cual tenga conocimiento, que pudiera usar como un agente de corrección? Si es así, ¿cuál sería?*

Si sabe de una situación en la que usted pudiera ser un agente de corrección efectivo y útil, acepte la responsabilidad de serlo. Como siempre, no invente la situación. Simplemente esté preparado para ofrecer corrección basada en los hechos, en caso que sea necesario, especialmente si eso ayuda a alguien a evitar un choque frontal con la realidad.

Estrategia # 8: Sea sincero con el origen de su problema

Lo que usted necesita saber

Una de las estrategias para poder decir la verdad es ocuparnos honestamente de nuestros problemas. Esto significa, la mayoría de las veces, que tenemos que ser sinceros con nosotros mismos. En otros casos, significa que tenemos que hablar con franqueza a quienes nos causan problemas.

Repetimos que esta estrategia no busca echarle la culpa a alguien. Tiene que ver con lo que hay que hacer para que una relación mejore. Un problema no resuelto puede llegar a bloquear una relación entre los mejores amigos.

Casi sin excepción, cada uno de nosotros enfrentará a veces la necesidad de hablarle a alguien, quizás incluso a un amigo, cuya conducta se ha convertido en un problema para nosotros. De modo que, para mantener viva la relación con esa persona, usted tendrá que hablarle acerca de su problema de conducta.

Pero nunca olvide que, para la mayoría de nosotros, el ser sincero con el origen de nuestro problema comienza por hablarle a la persona que nos está "devolviendo la mirada en el espejo".

Un ejemplo probablemente obvio

El tener de nuevo en casa a Rodrigo era un motivo de alegría. Le había hecho mucho bien, por diversas razones, el trabajo que había realizado como consejero en el campamento de verano. Ahora se estaba acercando a la culminación de sus estudios de secundaria.

Carlos sabía que tenía un hijo excelente y, en realidad, no le gustaba decirle nada que pudiera corregirlo. Rodrigo nunca había causado un problema que fuera digno de mencionarse. Algunas veces su padre lo había amonestado por llegar a casa en la noche después de la hora fijada, pero aun así habían sido tan pocas que Carlos no podía recordar la última vez que lo había hecho.

El problema era que los hábitos nocturnos de Rodrigo habían cambiado significativamente durante ese verano que no estuvo en casa. Se quedaba despierto hasta tarde y hacía mucho ruido antes de acostarse. Parecía como si Carlos estuviera oyendo todos los detalles de la actividad de Rodrigo en el campamento y como tenía que levantarse muy temprano para ir al trabajo, la situación había comenzado a mermar su resistencia.

Carlos no podía usar tapones para los oídos porque eso le impediría escuchar la alarma del reloj por la mañana, a la que tenía con poco volumen para evitar despertar a su esposa. Pero las dos horas de sueño que estaba perdiendo cada noche estaban comenzando a afectar sus energías. Sabía que tenía que decirle algo a Rodrigo.

Una noche, justo antes de la cena, lo abordó y le dijo:

—Hijo, no quisiera tener que molestarte por lo que voy a decirte.

—¿De qué se trata, papá? ¿Qué hice?

—Lo que te voy a decir no tiene gran importancia. No es algo intencional de tu parte, así que no te sientas muy mal por ello. Pero me parece que desde que volviste a casa del campamento tus hábitos nocturnos se han vuelto muy ruidosos. Oigo todo lo que haces, y porque te acuestas tarde —lo que para mí no es ningún problema— estoy perdiendo horas de sueño.

—Oye, papá, déjame ver lo que puedo hacer. Las horas de sueño antes de la media noche son, en realidad, muy importantes para las personas, ¿lo sabías? Creo que no he hecho el ajuste necesario desde que regresé a casa del campamento. Allá teníamos habitaciones lejos de las cabañas, por lo que el nivel de ruido no era tan grave como aquí. Te pido disculpas por haberte mantenido despierto, y voy a ocuparme de esto, ¿de acuerdo?

Tal como había prometido, Rodrigo hizo los ajustes necesarios para no hacer más ruido en las noches. Carlos había sido franco con el origen de su propio problema, aunque con renuencia, pero logró su objetivo.

➤ ¡Ejercítese! ¡Practique!

Para que evalúe su propia necesidad de decir la verdad con esta estrategia, haga el siguiente "Análisis del origen del problema".

1. Describa el problema que está enfrentando actualmente.

2. ¿Cuál es su responsabilidad en el problema?

3. En vez de ocuparse de lo que pudo haber hecho antes de manera diferente, diga lo que puede hacer ahora en cuanto al problema. (Será su contribución a la solución).

4. ¿Qué pasos debe dar para lograr una solución positiva?

5. ¿Qué cosas desagradables tendría que soportar para lograr una solución positiva?

6. ¿Qué palabras utilizaría para decirles la verdad a los que pudieran estar contribuyendo a la existencia del problema?

7. ¿Qué está evitando que usted tome acciones para resolver esta situación hoy? ¿Qué tan pronto puede traer el problema a un punto de solución?

➤ **Esta semana...**

Fíjese un tiempo para tener la oportunidad de ser sincero con el origen de su problema, si esa es su situación. Puede ser fácil soslayar el origen del conflicto, ¿pero no sería mejor tratar de encontrar alguna solución que realmente resolviera el problema?

Recuerde que el objetivo de esta estrategia no es simplemente echarle la culpa a alguien, sino más bien resolver un problema que permita iniciar una mejor relación.

Estrategia # 9: Reconozca el origen de sus éxitos

Lo que usted necesita saber

Como dijimos en el capítulo 10, nosotros creemos que el hombre o la mujer que salió adelante por esfuerzo propio es un mito. Una de las estrategias más importantes en cuanto a decir la verdad es, entonces, que usted reconozca el origen de sus éxitos. Esta estrategia no es un ejercicio de falsa humildad. Por el contrario, es el reconocimiento sincero de que hay personas que han hecho una contribución positiva en su vida.

Es tentador, a veces, adjudicarse todo el crédito por los éxitos personales. Otras veces, es tentador rechazar una felicitación sincera cuando usted realmente la merece. En cualquier caso, su integridad personal estará comprometida, porque no está diciendo la verdad, o quizás no está oyendo la verdad acerca de usted mismo.

Una de las mejores cosas que se pueden hacer en casos así, es reconocer la contribución de los demás. Permita que los demás sepan quiénes han sido las personas que lo han ayudado a estar donde está y cuando pueda haga saber a esos "ayudadores" que usted les está agradecido.

Un ejemplo probablemente obvio

—¡Felicitaciones, Pedro! ¡Te ganaste el bono de producción de este trimestre!

Pedro había tenido que ingeniárselas, con mucha dificultad, en el último año fiscal para que el equipo de estrategia que lideraba pudiera hacer más eficiente el tiempo de entrega de los silenciadores, desde la planta hasta los distribuidores. Era una recompensa bien merecida. El bono no era una fortuna, pero serviría para darle a Pedro y a su familia unas lindas vacaciones.

Sin embargo, Pedro sólo consideró esa idea por unos segundos. Fue hasta donde estaba el vicepresidente de su división para hacerle una pregunta.

—Omar, vine para darte las gracias por el bono.

—Te lo merecías, Pedro.

—Gracias, pero me preguntaba si pudiéramos hacer el certificado de reconocimiento para todo mi equipo.

Omar frunció los labios por unos momentos y después hizo un gesto afirmativo con la cabeza.

—Suena razonable. ¿Por qué no?

Pedro sonrió.

—Esto fue algo que hizo todo mi equipo. Todos contribuyeron con sus ideas. Todos tuvimos un tiempo bastante difícil.

—Ahora, seguramente, me pedirás que divida el cheque del bono entre todo el equipo.

—Bueno, ahora que lo mencionas...

Julia era una de las integrantes del equipo de Pedro. Ella había oído, por casualidad, que Pedro iba a recibir el bono de producción y llegó unos minutos antes a la reunión del equipo que había sido convocada ese día. Mientras los demás entraban a la sala de conferencias, Julia trató de poner la mejor cara frente a todos para bien de Pedro.

—Muchachos, me enteré de que Pedro ganó el bono de producción de este trimestre. Él hizo un excelente trabajo frente a nuestro equipo, ¿no es verdad?

En ese preciso momento entró Pedro y entregó un certificado y un sobre a cada miembro del equipo.

—¡Nos ganamos el bono de producción de este trimestre! ¡Felicitaciones!

Omar había entrado a la sala de conferencias justo después de Pedro.

—Esta es la primera vez que todo un equipo se ha ganado el bono. Por lo general, sólo se lo damos a una persona, pero Pedro no me lo permitió. ¡Ustedes tienen que ser realmente muy valiosos!

—Lo son, Omar, lo son. Tenía que decirte cuál había sido el origen de mi éxito. Son todos los que están alrededor de la mesa.

➤ ¡Ejercítese! ¡Practique!

Haga este ejercicio ("Los secretos, que no lo son tanto, de mi éxito") como preparación para dar reconocimiento a los que han sido de ayuda para usted.

1. Escriba tres éxitos que ha tenido en el último año.

   a.

   b.

   c.

2. ¿Cuál fue su parte en cada uno de estos éxitos?

3. ¿Quiénes más contribuyeron a cada uno de estos éxitos?

4. ¿De qué manera habría(n) sido diferente(s) su(s) éxito(s) de no haber tenido la contribución de alguna de las personas?

5. Vea los nombres que escribió en la pregunta 3. ¿A quiénes de esa lista les dio las gracias o recompensó?

6. ¿Cuál podría ser una manera adecuada de reconocer a los que han contribuido con su éxito?

7. ¿A quiénes de la lista pudiera darles su reconocimiento esta semana?

➤ **Esta semana...**

Aparte un tiempo para dar reconocimiento —aunque sea por segunda o tercera vez— a alguien que haya contribuido con su éxito. Este debe ser un agradecimiento basado en la realidad, por lo que debe estar preparado para decir específicamente de qué manera lo ayudó esa persona.

Estrategia # 10: Tacto no es lo mismo que mentiritas blancas

Lo que usted necesita saber

¿Cómo hace usted saber a los demás que no está de acuerdo con ellos sin herir sus sentimientos? Muchos de nosotros preferimos que no lo sepan en absoluto. A veces nos quedamos callados. Otras veces, soslayamos un desacuerdo con evasivas verbales.

Estas evasivas son llamadas "mentiritas blancas". La opinión generalizada es que hay que decir estas mentiras para evitar el mal mayor de herir los sentimientos de alguien. Nosotros creemos que el tacto requiere una estrategia diferente. El tacto, en realidad, combina la verdad con la benignidad, pero cuando es necesario también requiere una crítica constructiva.

Un ejemplo probablemente obvio

"Ernesto, ¿quisieras ayudarme a comprar otro auto?".

Esa era la pregunta que Ernesto, de alguna manera, estaba esperando. Pero ahora que se la hacían, miró a su suegra, Silvia, con una tímida mueca y pensó un momento antes de responder.

¿Qué pasó por la mente de Ernesto en esos momentos? El rastro de mentiritas blancas que había dejado todos esos años que había conocido a Silvia. No había nadie como ella para encontrar y comprar cacharros. No importaba que fuera nuevo o usado; era como si el gusto de Silvia por los carros estuviera condenado a las fallas mecánicas. Siempre la engañaba lo último en publicidad tramposa. No importaba que las evaluaciones que hicieran en cuanto a calidad y seguridad echaran por el suelo su elección; la campaña publicitaria siempre ganaba.

Ernesto era un tipo simpático. Él, en realidad, no quería hacer sentir mal a Silvia por las elecciones que hacía. Esa era la razón por la que Ernesto siempre estaba de acuerdo con ella, aunque todo lo que hubiera leído y oído acerca del coche que estaba comprando le indicara que mejor sería que se comprara una bicicleta destartalada. Cuando ella le compró a un tacaño gasolinero el modelo más viejo de un carro, que amenazaba con desbaratarse, Ernesto dijo:

"¡Qué carro tan bonito, suegra!".

Cuando se compró un coche deportivo, famoso por haber sido retirado del mercado en todo el mundo, Ernesto dijo: "¡Suegra, ese carro sí que se veía bien en las carreteras!".

Cuando Silvia pasó por la fase de una camioneta rústica, Ernesto afirmó:

"Parece realmente que esta camioneta andará bien en toda clase de terrenos". Aunque él sabía que la misma había sido considerada como "muy propensa a volcarse" por tres confiables evaluadores de seguridad.

Muy bien, pero los sentimientos de Silvia no eran la única consideración. Es que Ernesto tampoco quería aparecer como un experto a los ojos de Silvia, dándole consejos. Él sabía que eso lo pondría en la posición de tener que hacer la decisión final cuando ella comprara un auto y eso le desagradaba.

Pero eso estaba a punto de cambiar. Ernesto miró a Silvia y le dijo, afirmando con la cabeza: "Suegra, me encantaría poder ayudarla. Pero antes de que vayamos a visitar al concesionario, permítame que le diga cuál es el proceso que yo utilizo cuando voy a comprar un automóvil. Si hubiera hecho eso con usted antes, probablemente su elección habría sido mejor".

➤ ¡Ejercítese! ¡Practique!

Usted necesita pensar en las palabras que dirá para evitar la trampa de las mentiritas blancas. Practique con tres situaciones del ejercicio "No más mentiritas blancas" que sigue a continuación.

Situación # 1: Su amigo Joel no es exactamente un acicalado, y su nueva corbata está destinada a probarlo. Parecía pertenecer a las que estuvieron de moda en la década de los años setenta y esa es una apreciación misericordiosa. Pero Joel le cae bien a usted, y usted no quiere herir sus sentimientos. El problema es que Joel cree que su corbata está perfecta para su cita con Natalia, de quien usted sabe que es muy exigente en cuanto a la manera de vestir de las personas.

1. ¿Qué mentirita blanca podría usted estar tentado a decirle a Joel?

2. ¿De qué manera podría quizás esa mentirita blanca perjudicar a Joel, en vez de ayudarlo?

3. ¿Qué le dirá usted a Joel en vez de una mentirita blanca?

Situación # 2: El perro de Jaime parece un cruce de un perro callejero con un lagarto. Es de lo más bruto, pero Jaime lo adora. De hecho, está a punto de invertir mucho dinero, llevándolo a una escuela para perros y a un salón de belleza, porque está convencido de que puede prepararlo para el próximo desfile de perros y ganarse el primer premio.

1. ¿Qué mentirita blanca podría usted estar tentado a decirle a Jaime?

2. ¿De qué manera podría quizás esa mentirita blanca perjudicar a Jaime, en vez de ayudarlo?

3. ¿Qué le dirá usted a Jaime en vez de una mentirita blanca?

Situación # 3: Usted, como empresario con mucha imaginación, piensa que tiene la idea más fabulosa para colocar en el mercado un nuevo producto que será todo un éxito. Hace el diseño y se lo muestra a sus buenos amigos Tomás, un magnífico ingeniero, y Ramiro, un estupendo comerciante, por lo que usted espera que sus respuestas sean sinceras.

1. ¿Qué mentiritas blancas podrían sus amigos estar tentados a decirle?

2. ¿De qué manera podrían quizás esas mentiritas blancas perjudicarlo en vez de ayudarlo?

3. Si ellos tienen "verdades duras" que decirle, ¿qué espera que sus amigos le digan y cómo espera que se lo digan?

➤ *Esta semana...*

Si usted acostumbra decir mentiritas blancas, haga su tarea y comience a decir la verdad. Recuerde que las mentiritas blancas indican, por lo general, falta de verdadero interés por la persona o por su situación. Por lo tanto, considere ahora el daño que las mentiritas blancas podrían estar causándoles a los demás y diga la verdad con benignidad. (Vea la estrategia que sigue para que sepa más en cuanto a la benignidad).

Estrategia # 11: La verdad no es lo mismo que un ataque total

Lo que usted necesita saber

Esta estrategia nos dice que debemos utilizar la verdad como un agente sanador en cualquier situación. No significa, como hemos señalado varias veces, que la verdad no sea dolorosa. Lo que sí significa es que la verdad tiene que ser aplicada específicamente para el bien de los demás.

Por más motivadoras que puedan parecer algunas palabras al comienzo, casi siempre desmotivan a quienes las escuchan cuando son dichas en forma de ataque en vez de decirlas en forma curativa. Por lo tanto, recordemos que hay que decir la verdad con el propósito de curar.

Un ejemplo probablemente claro

"¡Yo jamás había visto un carro en condiciones tan terribles!". Arturo era un mecánico muy honesto, pero sus palabras no tranquilizaron para nada a Laura, quien se encogió mientras esperaba la siguiente observación.

"Hay suficiente grasa en este motor para hacer papas fritas durante todo un año —bromeó Arturo—. Alguien debe estar haciendo planes para dedicarse también a la comida rápida... a menos que esté pensando en convertirse en un granjero de cerdos. ¡Miren la pocilga que es este carro por dentro!".

Laura bajó la cabeza y clavó la vista en el suelo. Como estudiante universitaria, ella rara vez apartaba tiempo para limpiar el carro durante los recesos que había entre un semestre y otro.

"Está muy mal que no haya una 'Sociedad protectora de carros'. Este sería un ejemplo excelente de abuso. El aceite debió haber sido cambiado hace ocho mil kilómetros. ¡Y el cárter tiene goma en vez de aceite puro!".

Laura acaba de aprender cómo verificar el nivel de aceite. Fue por eso que sabía, para empezar, que necesitaba traer el coche a un mecánico. Pero aparentemente no había aprendido todavía lo suficiente.

Alguien la tocó en el hombro y le dijo:

—¿Es su primer automóvil, señorita?

Laura se dio vuelta y leyó el nombre de "Abel" en la camisa que otro mecánico llevaba puesta.

—Sí, es mi primer auto, y en este momento me siento como una perfecta tonta por tenerlo.

—No tiene que sentirse así. Arturo no sabe cómo hablar sin hacer picadillo a alguien. Ese es su problema, no el suyo. Mire, ¿usted sabe cómo medir el aceite?

Laura hizo un movimiento afirmativo con la cabeza.

—¿Sabe cómo funcionan las luces de prevención?

De nuevo hizo el mismo movimiento.

—Una vez que le cambiemos el aceite y lo afinemos, usted podrá conducirlo por unos tres mil kilómetros, a menos que vea una luz de advertencia o algo excepcional como, por ejemplo, humo que sale de debajo de la tapa del motor. Usted tiene que estar atenta a la banda de rodamiento de las llantas, y yo le enseñaré a medir los niveles de líquido para la solución del limpiaparabrisas y del líquido del radiador antes de que se vaya. De esta manera, usted jamás volverá a estar en esta situación, ¿de acuerdo?

—De acuerdo.

Laura casi le había dicho a Arturo que se llevaría su carro a otra parte, pero Abel estaba realmente ayudándola a hacer algo constructivo por su auto, y por la manera como se sentía en cuanto a sí misma. Y eso la haría regresar.

➤ ¡Ejercítese! ¡Practique!

Hay diversas maneras de utilizar la verdad para herir a alguien, por supuesto. Las descalificaciones desaniman a casi todo el mundo ("Hijo, esa es la peor disculpa que jamás oí decir a alguien para justificar esa jaula de pájaros tan mal hecha" o "Hiedes como nuestro vecino de al lado", son apenas dos ejemplos). Pero la verdad merece que se la trate mejor. Practique la utilización de la verdad como un agente sanador, haciendo el ejercicio "¿Dañar o sanar?" que sigue a continuación.

1. Usted necesita decirle a su hijo que mejore sus calificaciones. ¿Cómo se le puede decir la verdad

hiriéndolo?

sanándolo?

2. Usted necesita decirle a un compañero de trabajo que cree que él puede perder su empleo. ¿Cómo se le puede decir la verdad

hiriéndolo?

sanándolo?

3. Usted necesita decirle a su esposa (o esposo) que ella (o él) ha ofendido a alguien. ¿Cómo se le puede decir la verdad

hiriéndolo?

sanándolo?

4. Usted necesita decirle a un hermano de su iglesia que tiene que estar despierto durante el sermón del pastor. ¿Cómo se le puede decir la verdad

hiriéndolo?

sanándolo?

5. Usted necesita decirle a su hermana que ella necesita un historial más estable de trabajo. ¿Cómo se le puede decir la verdad

hiriéndolo?

sanándolo?

6. De todo lo dicho antes, ¿qué le resultó más fácil de decir: lo que hiere o lo que sana? ¿Por qué razón?

Por supuesto, nosotros le sugeriríamos que utilice, en la vida diaria, las observaciones que curan.

► **Esta semana...**

¿Hay un caso específico ahora mismo en el que la verdad puede producir sanidad? Si es así, acepte la responsabilidad de ser una persona veraz. Pero recuerde que tiene que pensar en el impacto sanador de la verdad para evitar convertirla en un arma.

Estrategia # 12: Sea específico con lo negativo

Lo que usted necesita saber

En la vida de todo el mundo llega un momento cuando queremos tener una conversación franca con alguien para hablarle de su necesidad de cambiar. Pero, a veces, por nuestro entusiasmo de ayudar a alguien, nos olvidamos de nuestra propia necesidad de prepararnos para la confrontación.

Cada vez que ofrezcamos corrección a alguien, es fundamental que seamos específicos en cuanto a lo que queremos que se corrija. A veces, esto significa que tenemos que preparar una lista, punto por punto, de las cosas negativas que esperamos confrontar en alguien. Si usted no puede ser específico en cuanto a lo que se necesita corregir, lo más probable es que la confrontación no sea necesaria en absoluto. Entonces el problema no está con esa persona, sino con la percepción que usted tiene del asunto.

Un ejemplo probablemente obvio

Era la cuarta semana de la clase de pintura del colegio universitario, y Delia estaba convencida de que todo había sido una monumental pérdida de tiempo. Durante cuatro semanas había soportado los comentarios de un pintor local cuya única evaluación del trabajo que ella hacía había sido: "Todavía no está bien".

"¿Qué es lo que todavía no está bien?" —le preguntaba Delia una y otra vez—. Pero todo lo que recibía como respuesta era un ocasional "¡um!", antes de que el pintor se alejara de ella.

De no haber pagado tanto por los materiales, Delia no se habría molestado en regresar a la clase después de la segunda semana. Sin embargo, lo justificaba diciendo que la clase le permitía mantenerse ocupada hora y media pintando.

La bendición de la quinta semana de clases entró un día por la puerta.

"Hola, soy Vicente, y les estaré enseñando la lección esta noche".

Vicente comenzó la clase enseñando unas técnicas de trabajo con la brocha, la paleta y el lienzo. Después se acercó a cada estudiante y les dio ideas. Delia estaba absorta cuando Vicente le hizo unas sugerencias para que mejorara su estilo de pintar.

"Ahora, tratemos de hacer girar la brocha un poco más hacia ese lado... Muy bien, para el color de esta parte, no le pongas demasiada pintura a la brocha... Ahora, en esta parte del cuadro, es mejor que utilices una brocha más pequeña".

Delia sentía que todo el curso había estado más que justificado gracias a la ayuda específica de Vicente. Esa noche, ella, en realidad, había avanzado más en la pintura que todas las otras cuatro semanas combinadas.

➤ ¡Ejercítese! ¡Practique!

Desarrolle la capacidad de ser más específico cuando ofrece corrección, haciendo el ejercicio "¡Sé específico, por favor!" que sigue a continuación. Cada punto presenta una situación y un comentario demasiado general que dice algo negativo sin ser específico. Su tarea será agregar lo específico (puede utilizar su imaginación pero sea específico) para aclarar el comentario demasiado general. He aquí un ejemplo:

La situación: Usted está comentando la incapacidad que tiene uno de sus amigos de mantener una relación sentimental seria.

El comentario demasiado general: "Seguro que no sabes escoger bien, ¿no?".

Sea específico, por favor. (Haga aquí una lista de las cosas que realmente clarifican la situación). "A mí me parece que necesitas pasar más tiempo conociendo a alguien antes de que comiences una relación seria... Debes asegurarte de que tienes intereses comunes con la persona con la que piensas que vas a vivir toda la vida... Los últimos tres rompimientos que tuviste sucedieron justo después de que conociste a los padres —pudiera ser que eso te hace sentir demasiado comprometido— ¿estás listo para iniciar otra relación si todavía no estás preparado para comprometerte seriamente?

Ahora, haga usted solo el ejercicio.

1. *La situación:* Usted es entrenador de un equipo de (escoja aquí su deporte favorito) que está perdiendo en la mitad del juego (o partido).

   El comentario demasiado general: "¡Ah, tenemos que cambiar toda nuestra forma de jugar!".

   Sea específico por favor:

2. *La situación:* Usted es un padre (o una madre) que está comentando la manera de vestir de una de sus hijas.

El comentario demasiado general: "¡Estás vestida como una mujer-zuela!".

Sea específico por favor:

3. *La situación:* Usted es un supervisor que está evaluando a un empleado.

El comentario demasiado general: "En términos generales, hace falta que mejores aquí, o tendré que hacer un informe de ti".

Sea específico por favor:

4. *La situación:* Usted es el vigía en un fuerte del ejército.

El comentario demasiado general: "Este... se ve algo por el flanco izquierdo".

Sea específico por favor:

➤ *Esta semana...*

Si usted necesita dar corrección, asegúrese de que sea una corrección específica. Pocas cosas son más frustrantes que el escuchar que alguien nos diga que algo está mal y luego se marche sin decir qué es lo que está mal.

Estrategia # 13: Acentuar lo positivo

Lo que usted necesita saber

Como dice una vieja canción, hay muchas cosas buenas —muy cierto— en casi toda persona y situación. Por supuesto, concentrarse en los puntos buenos puede ser harina de otro costal.

He aquí una proporción que nos preocupa: existe la creencia generaliza-da de que por cada comentario negativo que una persona recibe, hacen falta de siete a diez comentarios positivos para que se sienta bien consigo misma. Sin embargo, como dijimos en el capítulo 10, nuestra propia experiencia nos ha enseñado que se necesita una proporción de dos comentarios positivos por cada comentario negativo para que las personas que nos rodean se sientan alentadas cuando se hallan en una situación difícil.

El elemento crucial que hace que esta estrategia tenga éxito es la esperanza. Usted necesita crear una plataforma desde la cual pueda lanzar acciones positivas. Eso significa que usted necesita estar preparado para ayudar a los demás a encontrar puntos de esperanza, aun en situaciones que parezcan ser negativas en su mayor parte.

Un ejemplo probablemente obvio

Cada uno de los miembros de la familia Piedra había hecho su parte esa mañana, y partieron para sus vacaciones con dos horas de retraso. Este solo hecho no habría sido ningún problema, a no ser porque Adrián Piedra había hecho reservaciones en un teatro de la ciudad donde esperaban estar esa noche. El resultado sería que tendrían un día de estrés.

Tampoco sirvió de ayuda que comenzara a llover, y el hecho de que la lluvia parecía más bien una tormenta tropical hacía peor la situación. Ni hablar, entonces, de ir más rápido para adelantar. No obstante, si no había ninguna otra demora, tendrían tiempo para llegar al hotel, darse un baño rápido y estar a tiempo en el teatro.

Adrián Piedra, mientras tanto, estaba haciendo un comentario acerca de ese hecho, tratando de ayudar a su familia a mantener una actitud positiva en cuanto al día. Fue en ese momento que escucharon un ruido de bum-flop-flap-flop, que les decía que una llanta había estallado. Entonces Rigoberto estacionó el auto al lado de la carretera.

Allí estaban, pues, bajo una fuerte lluvia, con el tiempo en su contra y con una llanta dañada. Adrián simplemente se agarró la cabeza con las manos, y Rigoberto se puso a ayudar a la familia a evaluar la situación.

"Podríamos tirar la toalla y no llegar a tiempo al teatro. Sin embargo, quisiera recordarles a todos ustedes que tenemos entre nosotros a Gilberto Piedra, un estudiante que obtuvo recientemente las mejores calificaciones en la escuela de mecánica. Y su hermano menor, Daniel, me ayudó a revisar los detalles de seguridad de nuestra camioneta. Por consiguiente, él sabe exactamente dónde está la llanta de repuesto y lo que se necesita para cambiarla, y bajo el paraguas que yo estaré sosteniendo, Gilberto y Daniel se las arreglarán, en un tiempo récord, para que todos podamos volver a tomar de nuevo la carretera sin ningún peligro".

Los jóvenes se rieron al pensar que iban a actuar como una cuadrilla de mecánicos bajo una tormenta.

"¡Manos a la obra!".

Rigoberto agarró el paraguas de Adrián y abrió la compuerta de atrás de la camioneta para comenzar el trabajo. En pocos minutos, el equipo de la familia Piedra había resuelto el problema del neumático estallado. Rigoberto, Gilberto y Daniel estaban empapados, pero seguros, dentro del auto.

Menos de cinco minutos después ya no llovía. Daniel miró hacia el lado de la camioneta y dio un silbido: "¿Ven eso?".

A lo lejos, para alegría de todos, estaba un doble arco iris.

La familia Piedra llegó también a tiempo ese día al *otro* show.

➤ ¡Ejercítese! ¡Practique!

A veces resulta útil hacer una evaluación de los puntos fuertes de las personas que están a nuestro alrededor. Para eso, es una buena idea comenzar a llevar un "Libro de aplausos".

El objetivo de esta parte es evaluar honestamente los puntos fuertes de los miembros de su familia, de sus compañeros de trabajo e incluso de usted mismo. Comience con una pequeña libreta de anotaciones y escriba el nombre de una persona en cada hoja. Luego, bajo cada nombre, escriba algo bueno acerca de esa persona. Quizás esa persona tenga una cualidad de carácter que usted admira. Tal vez usted tenga una razón específica para estar agradecido con esa persona. Puede ser que la persona tenga una habilidad que usted considera que es valiosa para los demás. Tal vez usted no sea capaz de identificar muchas cosas acerca de algunas personas, pero eso está bien. (Haga el ejercicio poniendo también su nombre en la parte superior de una de las páginas).

Este puede ser un ejercicio útil para que lo realice toda una familia, un equipo de trabajo o un grupo pequeño de personas. En cualquiera de estos escenarios, se puede pedir a cada persona que escriba el nombre de cada una de las demás en una hoja. Al terminar, se puede dar a cada persona, con la acumulación de lo escrito por todos, la hoja que tiene su nombre (como un regalo de reconocimiento).

Ya sea que usted haga este ejercicio solo o acompañado de otros, trate siempre de recordar los puntos fuertes que usted ha encontrado en las personas que están a su alrededor, cuando usted se enfrente a una situación difícil.

➤ *Esta semana...*

Identifique al menos una situación en la que usted pueda acentuar lo positivo en beneficio de quienes puedan estar sintiéndose desanimados. No les presente un montón de trivialidades inútiles, sino ofrézcales un listado sincero de los puntos fuertes con que cuentan para enfrentar la situación.

Estrategia # 14: La verdad es práctica y es un principio

Lo que usted necesita saber

Es increíble que tantas personas, de ambientes y experiencias tan diversas, estén de acuerdo, en principio, con que la verdad es importante para la vida normal diaria. Pero es igualmente sorprendente que tantos de nosotros, que estaríamos dispuestos a luchar a brazo partido por el principio de la verdad, no tengamos en cuenta la aplicación de la verdad a la vida diaria.

Practicar la verdad es una disciplina y, como tantas otras disciplinas, requiere planificación. El arte de decir la verdad exige un compromiso y un plan de acción. Como dice el eslogan: "simplemente hagámoslo".

Un ejemplo probablemente claro

El teléfono sonó a mitad de la tarde, y Roger fue a ver quién llamaba. Dada la hora del día, era probable que se tratara de un vendedor. Roger dio un suspiro mientras levantaba el teléfono.

—¿Puedo hablar con el señor Balientos?

—Se dice Barrientos, señora, y usted está hablando con él.

La conversación se desarrolló como era de esperar. Roger sabía que no necesitaba otra hipoteca para la casa, por lo que encontró la manera de librarse de la conversación después de sólo uno o dos minutos.

Pero Víctor, el hijo de Roger, que tenía diez años de edad, había escuchado la conversación con gran interés.

—Papá, ¿por qué no fingiste ser otra persona, y no le dijiste que no estabas en casa?

—Porque esa no era la verdad, hijo. ¿Me has visto alguna vez diciendo una mentira?

Víctor lo pensó por un momento y luego sacudió la cabeza:

—No puedo recordar ninguna vez.

—Eso es porque yo trato de decirte la verdad cada vez que puedo. No siempre lo logro como quisiera, pero lo intento. Y yo espero, Víctor, lo mismo de ti.

—Ahora bien, ¿dónde está el número que tu mamá anotó, de ese servicio de selección de entrada de llamadas telefónicas que han estado anunciando en televisión?

➤ ¡Ejercítese! ¡Practique!

Haga su propio "programador de verdades" como un medio para poner en práctica la verdad. He aquí nuestra sugerencia: Cada día, durante las tres semanas siguientes, planifique tres ocasiones para decir la verdad. Utilice las otras trece estrategias dadas sobre cómo decir la verdad e incluso dónde decirla.

Puede utilizar el diagrama que sigue o uno que usted mismo haga. En la parte de arriba, anote cuatro áreas donde puede decir la verdad: familia, trabajo, yo y otros. (Nosotros somos, de verdad, flexibles). Lo animamos a escribir la hora aproximada y una o dos palabras en los espacios que le servirán de acicate para la ocasión que ha planificado para decir la verdad.

DÍA	FAMILIA	TRABAJO	YO	OTROS
Ejemplo	7:00 h —Desayuno— Animar a Javier a mejorar en matemática.	10:00 h —Jaime — Oportunidad correctiva acerca de: evaluaciones.	Mediodía —Verme en el espejo— Ensalada, no una hamburguesa doble.	19:00 h —Club cívico — Rechazar la presidencia porque me quitaría el tiempo para la familia.
1				
2				
3				
4				
5				
6				
7				
8				
9				
10				
11				
12				
13				
14				
15				
16				
17				
18				
19				
20				
21				

Comience a utilizar el programador para incorporar como un hábito normal el decir la verdad. Pero no se limite al programador. Esperamos que, a través de estas catorce estrategias, usted llegue a descubrir que el decir la verdad no sólo es importante como un principio, sino también que no es tan difícil de poner en práctica. Utilice este libro como una referencia y un incentivo para su tarea.

► Acerca de los autores

Devlin Donaldson

Devlin Donaldson cursó estudios en *Judson College*, de Elgin, Illinois, donde se especializó primeramente en relaciones humanas y luego en filosofía y religión. Recibió una licenciatura en asesoramiento psicológico de *Trinity Evangelical Divinity School*, de Deerfield, Illinois.

Devlin trabajó durante dieciocho años con Compasión Internacional, una organización cristiana dedicada a ayudar a los niños, que patrocina a más de 300.000 niños en todo el mundo. Su más reciente cargo con Compasión Internacional fue como director de mercadeo y desarrollo. En julio de 1999, Devlin comenzó a trabajar con *TouchPoint Solutions*, una firma consultora dedicada a ayudar a organizaciones sin fines de lucro a crear programas eficientes y efectivos de donaciones de gran envergadura.

Devlin es el autor de *How to Be a Great Boss Without Being Bossy* [Cómo ser un gran jefe sin ser un mandón] (Oliver Nelson). También ha escrito más de un millar de reseñas sobre libros y álbumes.

Devlin ha estado casado con Carol durante diecinueve años. Tienen una hija, María, y están en el proceso de adoptar su segundo hijo. Viven en Colorado Springs, Colorado.

Steve Wamberg

Steve Wamberg recibió una licenciatura en comunicaciones del *Wayne State College*, de Wayne, Nebraska. Después de trabajar como músico y como profesor pasante, hizo una maestría en divinidades con énfasis en teología y ética en *Northern Baptist Theological Seminary*, de Lombard, Illinois.

En 1980, Steve y Annie, su esposa, fundaron conjuntamente *Harvesthome Productions*, un ministerio sin fines de lucro dedicado a la renovación de las iglesias. En ese tiempo comenzó a escribir profesionalmente para agencias de publicidad, editores de currículos e inversionistas. En 1992, Steve aceptó un cargo en el departamento de comunicaciones de Compasión Internacional, una agencia cristiana dedicada a ayudar a los niños. En abril de 1977, Steve y Annie iniciaron *The Wamberg Group, Inc.*, para atender la creciente demanda de consultoría y servicios editoriales de empresas lucrativas y también de empresas sin fines de lucro.

Steve ha colaborado en la preparación de cierto número de libros. Es coautor de *Making God's Word Stick* [Haciendo que la Palabra de Dios se grabe] junto con Emmett Cooper (Thomas Nelson), *Faith Teaching* [Enseñando la fe] y *Faith Parenting* [Alimentando la fe] con John Conaway (*Cook Communications*). También ha escrito reseñas, centenares de programas curriculares (muchos con Annie), decenas de publicidades escritas y radiales, y anuncios publicitarios musicales. Steve y Annie tienen dos niños: Ben y Maggie.

Serie:
Grandes vidas de la Palabra de Dios

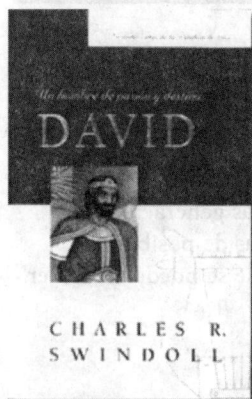

DAVID, un
hombre de pasión
y destino.
No. 46181

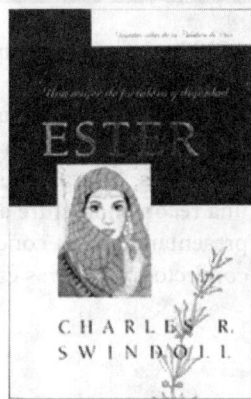

ESTER, una mujer
de fortaleza
y dignidad.
No. 46182

JOSÉ, un hombre
de integridad y
perdón.
No. 46183

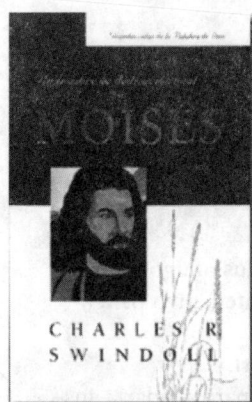

MOISÉS, un
hombre de
dedicación total.
No. 46184

ELÍAS, un hombre
de heroísmo y
humildad.
No. 46185

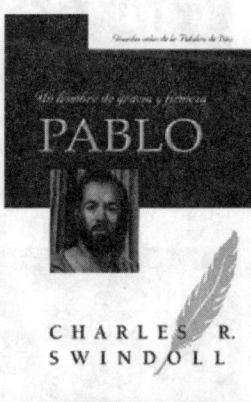

PABLO, un
hombre de gracia
y firmeza.
No. 46186

46300—La generación desconectada.
Josh McDowell.
Para padres y líderes juveniles. Incluye un análisis de la situación del joven y la actitud de los padres. Marca una serie de pasos para lograr una reconexión entre ambas generaciones, presentando áreas concretas de posibles conflictos y maneras en que se pueden resolver.

46301—Auxilio para los amigos.
Guía del líder.
Orientaciones para ser usadas en ocho reuniones grupales.

46302—Auxilio para los amigos.
Cuaderno de trabajo interactivo para individuos y grupos.
Dave Bellis y Ed Stewart.
Capacita a los jóvenes para ayudar a sus amigos que están en problemas. Analiza problemas concretos en los que se pueden encontrar, y maneras como pueden ser ayudados. Cada problema es tratado en los libros "Auxilio para los amigos que sufren porque...".

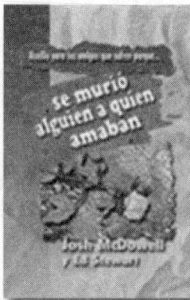

Otras novedades...

03060—Comentario del contexto cultural de la Biblia. Nuevo Testamento. Craig S. Keener

Este comentario explica el trasfondo cultural histórico de cada versículo del Nuevo Testamento, libro por libro, capítulo por capítulo, versículo por versículo. En lenguaje claro y no técnico, provee el importante contexto cultural que se necesita para tener un estudio bíblico responsable y enriquecedor. Pasta dura. 832 pp.

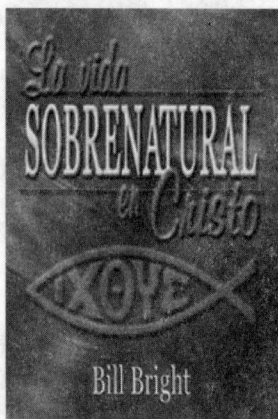

46042—La vida sobrenatural en Cristo. Bill Bright.

El autor sugiere dar cinco pasos esenciales para gozar de los beneficios celestiales en este mundo. 320 pp.

03672—Cómo estudiar la Biblia.

Presenta métodos de estudio que han sido ampliamente probados y usados por los Navegantes. 160 pp.